Arthur
Schopenhauer

이 책은 쇼펜하우어의 대표 저서 《의지와 표상으로서의 세계》의 내용을 편역한 《존재와 고뇌》(1995, 하루스이샤), 《소품과 부록》 중 〈삶의 지혜에 대한 격언〉의 내용을 편역한 《고독과 인생》(1996, 하루스이샤)의 내용을 새롭게 구성해 번역 출간했습니다.

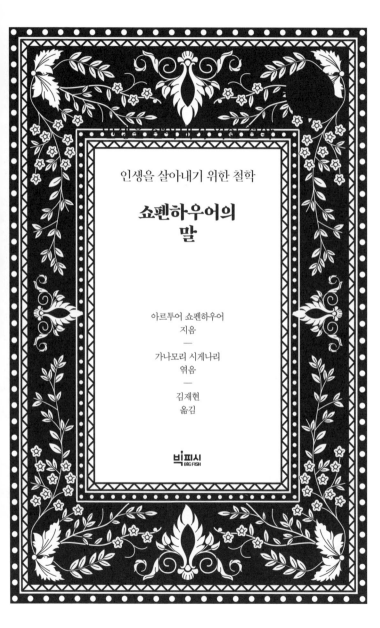

인생을 살아내기 위한 철학

쇼펜하우어의
말

아르투어 쇼펜하우어
지음

—

가나모리 시게나리
엮음

—

김재현
옮김

빅피시
BIG FISH

바라는 게 없을 때
비로소 평온이 시작된다

"아무것도 바라지 않을 때 마음의 평온이 시작된다."

시인 가지마 쇼조_加島祥造_의 말입니다. 무언가를 바라는 순간부터 만족하기 어려워집니다. 항상 부족하고 없는 것만 바라보면서 스스로 불행에 빠뜨리죠. 하지만 무언가를 원하지 않게 되면 평온하고 안정적인 마음 상태를 유지할 수 있습니다.

그래서인지 동양철학에서는 '무욕청정_無慾淸淨_', 즉 욕심을 버리고 무언가를 지나치게 탐하거나 바라는 마음을 비우는 것이 최고의 경지로 여겨져 왔습

Die Welt als Wille und Vorstellung

니다. 하지만 매사에 집착하고, 자기주장을 관철하려 하며, 자본주의의 유혹에 빠져 소비에 몰두하는 대부분의 현대인은 그런 마음을 갖기 어렵습니다.

경쟁적으로 부를 과시하는 데 몰두하면서 내면에 집중해야 할 소중한 시간을 흘려 보내고 있습니다. 이런 경향이 어제오늘의 일은 아닙니다. 19세기 중순의 서구에서도 비슷한 상황이 벌어졌습니다. 자본주의의 확산에 따라 사람들은 경쟁적으로 외모를 치장하면서 주제에 맞지 않은 소비에 전념했고, 정신은 빈곤해졌습니다. 이런 풍조를 가장 씁쓸하게 여긴 이가 바로 독일의 철학자 아르투르 쇼펜하우어_Arthur Schopenhauer, 1788~1860_입니다.

그는 인간이 성욕, 야심 등 다양한 욕망에 사로잡히지만 결코 그 욕망을 채울 수 없어 항상 결핍을 느끼고 고민에 빠진다고 여겼습니다. 또 그렇게 끊임없이 희망이 꺾인 끝에 삶 전체를 '고통'으로 느끼게 된다고 주장했습니다.

쇼펜하우어는 하나의 욕망을 해소한 뒤에 다시 또 다른 욕망을 해소하기 위해 무한히 불행을 반복하는 사람들의 고통에 주목했습니다. 더불어 고통에서 벗어난다 해도 그 순간은 잠깐일 뿐, 곧이어 찾아오는 '권태와 무료함'에 다시 사로잡히고 마는 인간의 운명을 날카롭게 지적했습니다.

그렇다면 고통에서 해방되기 위해서는 어떻게 하면 좋을까요? 쇼펜하우어는 욕망 자체를 부정하는 것을 비롯해 평온의 경지에 이르는 다양한 방법을 알려주었습니다. 이 책에서는 인간의 고뇌를 분석하고, 그 고통에서 벗어나는 방법을 이른바 아포리즘, 잠언의 형태로 전하려 합니다.

저는 젊은 시절부터 쇼펜하우어가 그린 '무욕'이라는 담백한 경지에 심취해 그에 관한 여러 책을 출간했습니다. 쇼펜하우어의 책 중 《의지와 표상으로서의 세계》는 그의 중심 사상을 엮은 것이고, 《소품과 부록》은 그의 인생사를 집대성한 것입니다.

여기서는 이 두 책 중에서 가장 중요한 부분이자 인생에 유익하다고 생각되는 명언을 주제별로 정리했습니다. 짧은 시간 안에 빠르게 쇼펜하우어 사상을 쉽게 이해할 수 있도록 말입니다.

쇼펜하우어의 말은 날카롭습니다. 현실과 타협하려 하고 매사에 좋게 좋게 합리화하며 살아가려는 이들에게 그는 끊임없이 직언합니다. 하지만 진실은 원래 불편한 법입니다. 그의 교훈은 엄격하고 냉정하지만 그 이면에는 사람들을 고통으로부터 구하려는 연민이 넘칩니다. 그러한 맥락에서 다음과 같은 그의 말을 건넵니다. 쇼펜하우어를 알아가는 데 도움이 되기를 바랍니다.

삶은 왜 고통이 되었는가. 세상이 궁핍과 고통으로 뒤덮여 있기 때문이다. 만약 이를 겨우 면한다고 해도 권태가 곳곳에 도사리고 있다. 게다가 세상에는 악덕이 주도권을 쥐고 있고, 비열함과 어리석음이 큰소리를 치고 있다. 운명은 잔혹하고, 인간은 가련하다. 인생이란 쾌락을 즐기기 위해서가 아니라 고통을 이겨 내고 줄여나가기 위해 존재하는 것이다.

차례

2장 /
온전히 자기 의지대로 살아야 하는 이유

3장 /
나를 지키면서 원하는 인생을 사는 법

4장 /
그럼에도 우리를 위로하는 것들

1장

/

사는 게 원래
힘든 이유

Arthur
Schopenhauer

자서전을 남기지 않은 쇼펜하우어가
자신에 대해 남긴 글을 소개하며

"글이 그 사람이다"라는 말이 있습니다. 글에는 글 쓴이의 생각과 사상이 담겨 있다는 뜻입니다. 그래 서 뛰어난 문장을 이해하기 위해서는 글쓴이의 삶 에 관해 알아야 합니다. 쇼펜하우어를 이해하는 것 도 마찬가지입니다.

쇼펜하우어는 1788년 단치히(발트해에 닿아 있는 폴란드 북부의 도시)에서 태어났습니다. 아버지는 부유 한 은행가 하인리히, 어머니는 나중에 작가가 된 요 한나입니다. 쇼펜하우어는 어린 시절 함부르크에서 아버지의 뜻을 따라 상인이 되려고 했습니다. 그러나 1805년에 아버지가 돌아가시면서 그는 원치 않던 상인의 길이 아닌 원래 바랐던 학문의 길을 선택합니다.

1809년에 괴팅겐 대학에 입학했고, 이후 베를린 대학으로 옮긴 쇼펜하우어는 1813년에는 〈충족이유율의 네 겹의 뿌리에 관하여〉라는 논문으로 예나 대학에서 박사 학위를 받습니다. 그리고 1819년 《의지와 표상으로서의 세계》를 발표하고, 베를린 대학의 강사가 되었습니다. 그러나 쇼펜하우어는 당시 압도적으로 명성이 높던 헤겔과 같은 시간에 강의하기를 자처하면서 청강생을 모으지 못합니다. 그리고 얼마 안 가 대학 강사를 그만두고, 1831년부터는 프랑크푸르트에서 은거하며 평생을 보냅니다.

《의지와 표상으로서의 세계》이후 쇼펜하우어는 《자연에서의 의지에 관하여》(1836), 《도덕의 기초에 관하여》(1841), 그리고 《소품과 부록》(1851)을 출간합니다. 그중 수필집인 《소품과 부록》은 그의 저서 중에서 가장 인기가 높았고, 널리 읽혔습니다.

반면 평생 독신이었던 쇼펜하우어의 삶은 고독했습니다. 그리고 1860년 9월의 아침, 식탁에 앉으

려던 차에 갑자기 몸이 좋지 않음을 느낀 그는 72세의 나이로 세상을 떠났습니다.

앞서 누군가의 글을 이해하기 위해서는 저자의 삶에 관해 알아야 한다고 했는데, 다른 작가가 쓴 전기문이나 자신이 쓴 자서전도 참고할 만한 자료가 될 것입니다.

하지만 유감스럽게도 쇼펜하우어는 자서전을 남기지 않았습니다. 다만 1819년에 베를린 대학 철학과 강사로 지원하며 제출했던 라틴어 이력서가 남아 있습니다. 일반적으로는 직업을 얻기 위해 제출하는 이력서의 내용이 극히 무미건조하기 마련입니다. 학력이나 경력 외에는 학문적 업적(저술이나 논문의 수, 제목 등)을 적는 정도로 당사자의 인격이나 개성을 느끼는 데는 한계가 있지요.

그러나 쇼펜하우어가 남긴 〈나의 반생〉은 마치 소설처럼 그의 성격이 느껴지며, 내용이 구체적이기까지 합니다. 여기서는 그의 젊은 시절과 성격에 대한 이해를 돕는 내용 일부를 소개해보려고 합니다.

쇼펜하우어가 남긴 글,
〈나의 반생〉

내가 살아온 반평생에 대해서는 할 말이 적지 않을
듯하다. 나의 직업은 우연히 갖게 된 것도 아니고,
남들이 제안한 것도 아니며, 오로지 내 자유의지에
따라 선택한 것이다. 게다가 오늘날까지 지나온 길
은 평탄하고 즐거운 것과는 거리가 멀었고, 곳곳에
어려움이 놓여 있는 가시밭과 같았다. 처음에는 어
떻게 한걸음을 내디뎌야 할지 막막하기 그지없었
다.

아버지는 내가 상인이 되기를 원했다. 물론 아버지가 보기에 그 직업이 나에게 잘 맞아 보였을지는 몰라도, 내 성향과는 맞지 않을 것이 분명했다. 하지만 경제적으로 부유한 아버지 덕분에 나는 젊었을 때부터 많은 지식을 얻을 수 있었다. 또 자유와 여가를 비롯해 나의 천직인 학자로서 교양을 얻는 데 필요한 모든 것과 도움이 되는 모든 수단을 취할 수도 있었다.

게다가 청장년기에 접어든 이후에도 아버지 덕분에 고생하지 않고서 많은 여유를 누릴 수 있었다. 자유롭게 사용할 수 있는 시간이 충분했고, 생계를 걱정하지 않아도 되었다. 그 덕에 오랜 세월 돈벌이와는 관련 없는 학문과 지극히 난해한 탐구와 명상에 전념할 수 있었다.

번거로움 없이 그 어떤 것에도 방해받지 않고 학문을 탐구하고 집필할 수 있었는데 이 모든 것은 아버지 덕분이었다. 제왕도 내게 이런 여유를 주지는 못했을 것이다.

아버지는 무엇보다도 내가 안정적으로 살기를 바랐다. 그러나 아버지께 학자와 가난이란 떼려야 뗄 수 없는 개념이었다. 그래서 아버지는 내가 이 두렵고 험난한 길을 걷지 않도록 애썼다. 그러나 나는 결국 학자의 길을 택했다.

청소년 시절 부모님과 함께 영국, 프랑스 등 유럽 각지를 여행한 적이 있다. 2년에 걸친 긴 여행을 통해 나는 의미 있는 것을 얻었다.

청소년기는 여러 가지 일에 가장 민감하게 반응하며 사물을 인식하는, 호기심이 지극히 왕성한 시기다. 이런 시기에 나는 공허한 말이나 잘못된 설명에 휘둘리지 않았고, 쓸데없는 지식으로 인해 본연의 날카로움을 잃지도 않았다. 대신 무엇이든 직접 내 눈으로 확인하며 올바른 지식을 얻으려 했다.

특히 다행인 것은 이렇게 교양을 얻는 길을 택한

덕분에 그저 사물의 이름을 아는 것과 타인의 말을 듣는 데 그치지 않고 스스로 관찰하고 탐구하며 확인하면서 인식하는 습관을 일찍이 들였다는 점이다.

———

대학에 입학한 후에는 그리스·로마 작가들의 작품을 하루에 2시간씩 읽었고, 이 과정을 통해 다음의 것들을 얻었다.

일단 고전을 익숙하게 읽어나가며, 고대사회가 얼마나 뛰어났는지를 이해하는 안목을 키울 수 있었다. 특히 올해 하반기에 이탈리아에 갔을 때, 고대의 존경스럽고도 위풍당당한 기념물들을 보면서 이처럼 작고 사소한 유산에도 그 시대의 정신이 깃들어 있음을 발견하고는 다시 한번 고대사회의 우수성을 절감했다.

또 고전작가, 특히 그리스 철학자들의 저서를 읽어나가면서 나의 문장과 문체가 근본적으로 개선되고 아름다워졌다. 그뿐 아니라 끊임없이 고전작가

들을 가까이해온 덕분에 (단기간에 익히기는 했지만) 고
전어-古典語-를 잊는 일은 없게 되었다. 고전어는 내
마음속 깊숙이 뿌리내렸기에 그 후 많은 학문을 접
했음에도 여전히 내 안에 생생하게 남아 있다.

———

나폴레옹 전쟁이 한창이던 그해 여름, 무성한 나무
들로 사방이 둘러싸인 산속 계곡을 찾았다. 나는 군
사를 혐오한다. 그곳에서는 단 한 명의 병사를 마주
치지 않을 수 있었고, 군고-軍鼓-의 울림도 듣지 않을
수 있었다. 나는 완전히 고독했고, 다른 것에 신경을
쓰거나 방해받는 일 없이 계속해서 이 세상의 움직
임과는 거리가 먼 여러 문제를 생각하고 규명해 나
갔다. 책을 읽고 싶을 때는 언제든 바이마르의 도서
관에 가기만 하면 되었다.

✣고통✣ 산다는 것은
괴로운 것이다

고통의 세계에서 벗어나는 법을 동양에서 최초로
자세히 사상화한 사람은 인도의 석가모니일 것입니
다. 석가모니는 29세 때 처자를 버리고 출가한 뒤,
6년간의 수행 끝에 35세 때 깨달음을 얻었다고 합
니다. 그는 이 6년간의 수행 중에 인생 속 '고통'의
본질을 분석하고 이를 없애는 방법을 찾았습니다.

　석가모니에 따르면 태어나서 죽고 또 무엇으로
태어나서 죽는, 즉 윤회-輪廻-가 지배하는 이 세상은
고통으로 가득 차 있습니다. 이 세상에서 인간은 많
은 괴로움에 직면해야 합니다. 일단 사람은 태어날

때 어머니의 산도를 통과하면서 과거세-過去世, 이 세상에 태어나기 이전의 생애-를 망각하는데, 이것이 생고-生苦-입니다. 이어서 노고-老苦-, 병고-病苦-가 찾아오고, 그 뒤에는 반드시 사고-死苦-가 뒤따릅니다. 이것이 인간으로 태어나서 늙고 병들어 죽는 과정에서 겪는 사고-四苦-입니다. 인생 행로에는 여기에 다음 네 가지 고통이 더해집니다. 이것이 흔히 일컫는 '사고팔고-四苦八苦-'입니다.

다섯 번째, 사랑하는 자와 언젠가는 반드시 이별해야 하는 고통-愛別離苦, 애별리고-

여섯 번째, 싫은 사람과 더불어 살아야 하는 고통-怨憎會苦, 원증회고-

일곱 번째, 원하는 것을 얻지 못하는 고통-求不得苦, 구불득고-

여덟 번째, 몸과 마음의 왕성한 감정과 욕구로 인한 고통-五陰盛苦, 오음성고-

이러한 사고팔고의 가르침은 지극히 현대적인 고뇌를 예견했습니다. 예를 들어 오늘날 회사에서의 인간관계에서도 '원증회고'는 일상다반사이며, 정규직이 될 수 없는 계약직이나 파트타임 근무자에게 '구불득고'는 생생한 현실입니다.

한편으로 석가모니는 사고팔고를 극복하는 방법으로 '팔정도八正道'를 설파했습니다. 그 내용으로는 이 세상은 고통으로 가득 차 있음을 자주 떠올릴 것, 번뇌에서 벗어나길 바라며 마음을 바르게 유지할 것, 거짓말하거나 타인을 비방하지 않을 것, 살생하거나 도둑질하지 않을 것 등이 있습니다. 그러나 팔정도 중에는 속세를 벗어나 출가하지 않으면 도저히 이룰 수 없는 이상도 있습니다.

예를 들어, 석가모니 시대에는 이성과 성관계를 갖지 않을 것, 절에 들어가 섭리에 따라 흔들리지 않고 부처의 길을 따를 것 등의 규율이 있었습니다. 이러한 팔정도가 훌륭한 이상이긴 하지만, 속세를 벗어난 생활은 불가능하다고 여긴 사람들 사이에서 이른바 대승불교가 생겨났습니다. 대승불교의 이상향은 깨달음을 얻은 부처가 아니라 '보살'이 되는 것입니다. 보살은 자신의 성불보다는 다른 이를 고통에서 구하는 일을 이상으로 여깁니다.

그런데 서양 철학자나 사상가 중 가장 석가모니에 가까운 철학을 주장한 사람이 있습니다. 바로 쇼펜하우어입니다. 이 책의 프롤로그에서도 언급했듯 쇼펜하우어는 인간은 다양한 욕망에 사로잡히기 때문에, 충족되지 않는 욕망으로 인해 항상 결핍을 느끼고, 끊임없이 마음이 꺾이며 결국 삶 전체를 '고통'으로 느끼게 된다고 말했습니다.

이처럼 인간의 삶을 고통의 세계로 보는 점에서 쇼펜하우어는 석가모니와 일치합니다. 특히 싫은 사람과도 사귀어야 하는 괴로움, 즉 '원증회고'를 중요시하여 고독한 삶을 살도록 권했습니다. 그러나 자본주의가 발전하면서 사람과 사람, 나라와 나라의 교류가 활발해진 19세기에 살았던 쇼펜하우어는 석가모니처럼 출가하여 속세를 등지는 것이 훌륭한 이상임은 인정했지만, 이를 실현하기는 지극히 어렵다는 사실 또한 알고 있었습니다. 그래서 그는 현대적인 고뇌를 논하는 동시에 그러한 고뇌로부터 벗어나는 방법을 다음과 같이 제시했습니다.

삶은 고통과 권태 사이를 오간다

모든 욕망의 기저에는 불만, 결핍 그리고 고통이 있다. 만약 원하는 것을 쉽게 손에 넣어 당장의 욕망이 사라진다 해도 인간은 곧 거대한 허무과 권태에 사로잡히게 된다. 이처럼 인간의 삶은 시계추처럼 고통과 권태 사이를 오간다.

고통에서 벗어나려 애를 써도

고통에서 벗어나기 위해 끊임없이 노력해도 결국 고통의 종류만 바뀌는 것뿐이다. 괴로움은 결핍, 가난 그리고 죽음에 대한 걱정으로 이루어져 있다. 어려움을 극복하고 지난한 고통을 물리친다 해도 고통은 곧 수천 개의 다른 고통으로 이어질 것이다.

고통만이 인간을 더 나은 사람으로 만든다

더 나은 사람이 되기 위해서는 고통이 필요하다. 셰
익스피어, 괴테, 플라톤, 칸트가 현실에 만족하고,
행복하게 살면서 모든 소망이 이루어졌다면 과연
시를 쓰고, 철학을 만들고, 이성을 비판할 수 있었겠
는가? 우리는 불만을 통해 자기만의 철학을 발견할
수 있다. 괴테의 말처럼, 오직 고통만이 인간을 더
나은 경지로 이끈다.

현재를 살아야 하는 이유

인간은 오로지 '현재'를 살아야 한다. 과거로 도망쳐
봤자 조금씩 죽음과 가까워지며 천천히 죽어갈 뿐
이다. 왜냐하면 인간의 과거는 그 사람의 의지와 관
계없이, 현재와 관련된 경우를 제외하고는 이미 완
전히 끝나버린 것, 사멸한 것, 벌써 없어져 버린 것
이기 때문이다.

삶의 관점에서 죽음의 관점으로

우리는 숨 쉬는 모든 순간 죽음과 싸우고 있다. 무엇을 먹거나 잠을 자거나 난로에 몸을 녹이면서도 죽음과 싸운다. 하지만 결국 이기는 쪽은 죽음이다. 왜냐하면 태어날 때부터 죽기로 정해져 있기 때문이다. 죽음은 사냥감인 우리를 삼키기 전에 아주 잠깐 가지고 놀 뿐이다.

우리는 사는 것에 집중하며 가능한 한 오래 살기를 꿈꾼다. 하지만 이는 금방 터질 비눗방울을 최대한 크게 부풀리려는 행동과 같다.

가장 효과적인 위로

불행하고 고통스러울 때 할 수 있는 가장 효과적인
위로는 나보다 더 불행한 자를 보는 것이다.

행복에 집착하지 마라

행복에 집착하지 않을수록 오히려 고통에서 벗어날
수 있다. 욕망이란 영원히 충족될 수 없음을 인정할
때 비로소 고통의 바다를 건널 수 있다.

매일 생기는 문제와 씨름하는 게 삶의 본질이다

인간은 기대와 욕구가 구체화된 존재이며, 무수한 욕망의 덩어리다. 이러한 욕망을 품은 인간은 살면서는 오직 자기 자신의 욕망과 고통만을 선명하게 느낄 뿐, 그 외의 모든 것을 제대로 알아차릴 수 없다. 그렇기에 욕구나 고통을 극복하기 어렵다. 이렇게 매일 생기는 난제들과 씨름하며 근근이 살아가며 걱정에 휩싸이는 것이 인간 삶의 본질이다.

고통의 총량은 정해져 있다

고통의 총량은 개인의 본성에 의해 정해져 있다. 고통의 종류가 수만 가지여도 결코 총량은 변하지 않는다. 따라서 고통과 행복은 외부의 환경에 의해 좌우되는 것이 아니라 개인의 성향과 본성에 의해 결정된다. 성향은 나이가 들거나 건강 상태에 따라 약간의 변화는 있을지 몰라도 크게 변하지 않는다.

행복과 불행의 차이

"많이 웃는 사람은 행복하고, 많이 우는 사람은 불행하다."

이 단순한 진리 때문에 이 문장을 잊을 수 없었다.

✥ 욕망 ✥ 매일의 고통에서
벗어나는 법

쇼펜하우어는 고통과 괴로움은 죽을 때까지 우리를 따라다닌다고 말했습니다. 또 인간은 스스로 고통받을 뿐만 아니라 타인까지 괴롭혀 결국 비참한 세상을 만든다고도 주장했습니다. 특히 법과 질서가 없을 때 사람들은 노골적으로 이기주의와 추악함을 드러낸다고 합니다. 쇼펜하우어는 이를 국가와 사회의 현실을 분석한 영국의 유명 철학자 토머스 홉스의 학설과 연관 짓습니다.

홉스는 저서 《리바이어던》에서 국가의 자세를 논하면서, 만약 인간의 행동을 구속하는 국가와 같은 시스템이 없어진다면 어떻게 될 것인가에 관해 다음과 같이 설명했습니다.

국가가 없는 자연 상태에서 인간은 누구나 평등하다. 따라서 많은 이가 같은 것을 원하는데 그것을 모두가 누릴 수 없을 때, 사람들은 타인을 적으로 간주하고 상대를 굴복시키려 한다. 즉, 만인에 대한 만인의 투쟁이 생기고, 사람들의 생명이 위험에 노출됨과 동시에 견디기 힘든 공포가 발생한다.

이 말을 요약하면 '인간은 서로에 대해 늑대다', 즉 인간은 짐승 중에서도 가장 잔인한 들개와 늑대와 같다는 이야기입니다. 쇼펜하우어도 홉스의 논리에 동의했던 듯, 인간이 얼마나 악의에 찬 잔혹한 존재가 될 수 있는지 설명합니다. 또 그는 타인의 불행을 자신의 행복으로 여기는 악인의 심리를 끈질기게 추적했습니다.

그러나 쇼펜하우어 이후의 세대, 즉 20세기와 21세기의 사람들은 그가 살던 19세기의 사람들에

관해 그나마 온순했다고 여길 것입니다. 특히 제1·2차 세계대전 시기에 히틀러같이 포악한 지도자의 손에 수백만 명이 희생당한 사실을 떠올리면, 쇼펜하우어가 묘사한 19세기 악인의 심리가 정말 그토록 악한 것이었는지 의문을 갖는 이도 있을 것입니다.

한편 쇼펜하우어가 말한 고통에도 구원이 없는 것은 아닙니다. 그는 고통에서 인간을 구원하는 방법으로 대자연이나 예술을 통해 일시적인 초월의 경지를 맛볼 것, 그리고 종교 생활을 할 것을 강조합니다. 특히 "자연의 아름다움을 접하고 얻는 행복은 오롯이 순수한 것이다"라고도 말했습니다. 아무리 극악무도한 악인이라고 해도 대자연을 접한 뒤에 감탄하는 사례는 여러 예술 작품 등에서도 자주 발견할 수 있지요.

또 그는 삶에서 종교가 갖는 의미를 중요하게 생각하고, 신이나 영혼 등과의 소통은 인간 생활의 중요한 요소이며, 끊임없는 희망을 안겨준다고도 했습니다. 악의로 가득 찬 고통의 세계에도 한 줄기 빛이 비쳐오는 상황이 있음을, 그는 알려준 것입니다.

쇼펜하우어의 저서에는 '의지'라는 말이 자주 등
장합니다. 그에 따르면 실제 그대로의 세계는 '물자
체_物自體_'인데 우리는 이를 인지하지 못하고 '현상
계_現象界_'로만 인지한다고 합니다. 즉, 현상계는 우
리의 뇌가 감각으로 인식한 것(주관적인 것)이며, 따
라서 세계는 나의 표상(오감에 의해 인지되는 대상)이자
현상입니다. 이러한 현상계는 시간과 공간, 인과법
칙에 따라 과학적으로 포착되는 대상이라고 합니다.

현상계와 대비되는 물자체는 인간이 인식할 수
없는 세계로, 쇼펜하우어는 물자체를 '의지'라고 규
정하는 새로운 견해를 내놓았습니다. 여기서 의지
는 인간의 의욕을 나타낼 뿐만 아니라 자연의 모든
힘이자, 살기 위한 끊임없는 노력을 말합니다. 그의
말처럼 의지란 과학적으로 증명할 수는 없지만 살
아 있는 존재라면 분명히 가지고 있는 것이지요.

앞으로 전할 쇼펜하우어의 말에도 '의지'라는 표
현이 여러 번 나옵니다. 그 말에 주목해 보기 바랍
니다.

악이란 사소한 것이다

타인의 불행을 통해 행복감을 느끼는 것은 적극적
인 악의의 시작이다.

욕망은 끝이 없다

우리의 삶은 살아내려는 수많은 의지의 충동적인
힘으로 꾸려진다. 소유하지 않은 것을 원하는 의지
는 한계도, 분명한 목표도 없이 영원히 이어진다.

결핍이 있어야 소중함을 안다

우리는 항상 결핍과 고통 속에 있고, 만족은 거의
느끼지 못한다. 단지 괴로움이나 결핍이 잠깐 사라
진 순간 잠깐의 만족감을 느낄 뿐, 그 만족감은 오
래가지 않는다. 그렇기에 우리는 이미 가진 것들(재
산이나 이익)을 소중히 여기지 않고, 그 가치를 인정
하려 들지도 않는다. 오히려 당연히 여긴다.

이미 소유한 것은 고통을 막는 데에 큰 역할을 하지
못한다. 하지만 이것들이 사라지면 비로소 그 소중
함을 절감한다. 왜냐하면 결핍, 부족, 고뇌는 적극적
으로 그 모습을 드러내기 때문이다.

그러니 과거에 극복한 고난, 질병, 경제적 어려움 등
을 떠올리면 이미 소유한 것들의 의미를 잊지 않고
소중히 여길 수 있다.

결핍은 상대적인 것

타인의 누리는 것을 알게 될 때 결핍은 무한히 늘어
간다. 반면 남들도 자신과 마찬가지로 결핍을 견디
고 있다는 것을 알 때 결핍은 누그러진다.

인간은 내 작은 행복을 위해
남의 모든 행복을 뺏는 존재다

이기주의가 가장 선명하게 드러나는 순간은 사람들이 법과 질서에서 벗어난 직후다. 토머스 홉스가 말했듯이 이때는 모든 다툼이 분명하게 드러난다. 각개인은 자신이 원하는 물건을 손에 넣고자 타인의것을 빼앗는 데에 그치지 않는다. 자신의 행복을 아주 조금 늘리려고 남의 모든 행복을 빼앗거나, 전재산까지 파괴하려는 자도 종종 나타난다. 이것이야말로 이기주의 그 자체다.

욕망이 충족되면 쾌락을 좇을 뿐이다

가난은 고통을 야기하고, 부는 지루함과 권태를 불
러일으켜 쾌락을 좇게 만든다. 일요일은 지루하고
나머지 엿새는 고통스러운 이유다.

만족 없는 삶

격렬한 의지의 충동을 느끼는 사람이 있다고 하자. 이 사람은 이기주의적인 갈망을 충족시키기 위해 탐욕스럽게 모든 것을 소유하기를 바란다. 하지만 당연히 그는 욕망에 휘둘리는 꼭두각시일 뿐이며, 한 번은 무언가를 가질 수 있어도 의지의 충동을 완전히 가라앉힐 수는 없다.

게다가 그의 욕망이 일부 충족되었다 해도 그저 욕망의 형태가 바뀔 뿐 바로 다른 욕망에 시달리게 된다. 또 욕망이 사라져도 의지의 충동은 그 원인을 알지 못한 채 끈질기게 남아, 구제할 수 없는 고통과 무섭도록 황량한 마음을 남길 뿐이다.

원하는 것이 분명해야 하는 이유

애매한 목표는 반드시 권태로 이어진다.

인간은 태어난 것 자체가 죄다

이미 정해진 죽음이 우리를 기다리는 이상, 인간은 태어난 것 자체가 죄다.

게으름뱅이의 운명

게으름뱅이인 인간은 고요를 원하지만, 끊임없이 나아갈 수밖에 없다. 나아가라고 강요하는 힘이 멈추는 것을 허용하지 않기 때문이다. 태양 속에 몸을 던지고 싶지만, 궤도를 수정할 수 없는 별과 같은 처지인 셈이다.

순수한 행복을 느끼려면

세상에서 말하는 행복은 반드시 괴로움이나 결핍을 경험한 뒤에야 오기 마련이다. 또 행복을 얻은 후에도 후회, 고뇌, 허무함, 불쾌감이 뒤따른다. 그러나 자연의 아름다움을 접한 후 얻는 행복은 전적으로 순수하다. 다만 이 순수한 행복은 생애 내내 지속되는 것이 아니라 극히 한순간을 충족시킬 뿐이다.

결국은 모두 죽는다

모든 삶은 끝없는 의지와 같고, 살아내려는 의지는 덧없는 꿈과 같다. 삶은 시간과 공간이라는 백지 위에 의지가 그린 짓궂은 그림일 뿐이다. 의지가 변덕스럽게 그려놓은 이 짓궂은 그림이 한순간에 사라진다 해도 그 뒤에 또 다른 짓궂은 그림이 그려진다. 그리고 마지막에는 오랫동안 두려워했던 죽음이 그 모습을 드러낸다.

2장

/

온전히 자기 의지대로
살아야 하는 이유

Arthur
Schopenhauer

❖평가❖ 중심이 없는 인생은
타인에게 영원히 휘둘린다

우리는 타인의 시선을 자주 의식합니다. 쇼펜하우어
에 따르면 우리가 너무 우유부단하고 자율성이 부
족하기 때문에 그렇다고 합니다. 돌아보면 다른 사
람들이 나를 어떻게 생각하는지에 집중하느라 매사
에 자주적으로 행동하기 어려웠던 것도 같습니다.

쇼펜하우어는 가족이나 타인을 어떻게 대했을
까요? 그의 자전적 고백에서도 짐작할 수 있듯, 쇼
펜하우어는 젊은 나이에 돌아가신 아버지를 평생
존경했습니다. 하지만 어머니 요한나에게는 지극히
냉담했고 적대적인 감정까지 품었습니다. 프랑크푸

르트에서 칩거 생활을 시작한 이후로는 죽을 때까지 어머니를 만나지도 않았습니다. 그 이유 중 하나는 홀몸인 어머니가 요란한 연애사나 대중작가로서 평판으로 세간에 오르내리는 것이 불만스러웠기 때문입니다. 그래서 쇼펜하우어는 훗날 사람들이 자신의 저술에 대해서는 높게 평가하겠지만, 어머니의 작품은 쓰레기처럼 여길 것이라는 독설도 남겼습니다.

가족을 이렇게 대했던 쇼펜하우어가 타인은 어떻게 대했을까요? 그는 타인 중에서도 특히 유명인, 그중 헤겔에게 큰 반감을 품었습니다. 1820년 3월 20일, 쇼펜하우어가 베를린 대학에서 강사로 채용되기 위한 시연 강의를 하던 날입니다. 그날 대학 대강당에는 헤겔 교수를 비롯한 철학과 관계자들이 빠짐없이 참석했습니다. 쇼펜하우어는 그의 논문인 〈충족이유율의 네 겹의 뿌리에 관하여〉에 대해 강의했는데 이때 헤겔이 질문을 던졌습니다.

"말이 길거리에 드러누울 때가 종종 있는데 그 동기가 무엇이라 생각하나?"

당황스러운 질문에 쇼펜하우어는 생물학 지식

을 총동원해 답변했고, 다행히 시간 강사로 채용되었습니다. 그러나 쇼펜하우어는 심술궂은 질문을 한 헤겔에게 첫 만남부터 반감을 가집니다. 직관을 중시하는 그의 사고방식이 개념에서 출발하는 헤겔의 사고방식과 대립한 탓도 있지만, 무엇보다 헤겔의 명성에 대한 반감이 컸습니다. 그래서 자신의 강의를 당시 인기 있던 헤겔의 강의와 같은 시간에 배치하는 등 고집스러운 행보를 보였습니다. 하지만 결과는 냉혹했지요. 수강생은 몇 명 되지 않았고, 그 후 대학 강의 자체를 그만두게 됩니다.

그렇다고 쇼펜하우어가 유명인을 모두 좋아하지 않았던 것은 아닙니다. 시인 괴테를 진심으로 존경했고, 친밀하게 지냈습니다. 바이마르에 머물던 시절, 어머니께 괴테를 소개받은 후 괴테의 '색채론' 연구에도 큰 도움을 주었습니다. 하지만 마지막에는 색채론에 대해 서로 다른 견해를 갖게 되어 괴테에게 이런 편지도 쓰기도 합니다.

당신의 색채론을 피라미드에 비유하자면 저는 꼭대기에 해당합니다. (…) 당신은 마치 이집트

인처럼 밑바닥에서부터 피라미드를 건설하기 시작했죠. 당신은 정상에 오를 거라고 생각했고 그럴 기미도 보였지만, 실제로는 정상에 이르지 못했습니다. 마침내 저는 정점에 도달했고, 앞으로 수백 년간 지속될 피라미드를 완성했습니다.

두 사람의 색채론은 오늘날 자연과학에서 크게 인정받지 못하지만, 어쨌든 오만한 쇼펜하우어의 주장을 괴테는 결국 묵살했고 이후로는 편지도 주고받지 않았습니다. 그러나 괴테는 젊은 철학자로서의 쇼펜하우어의 업적을 높이 평가했는지, 이 무뚝뚝한 철학자를 조롱하려던 이들을 타이른 일화가 남아 있습니다. 쇼펜하우어 또한 자신의 저서 곳곳에 괴테의 말과 사상을 인용하며 학설을 보강했습니다.

무뚝뚝한 성격의 쇼펜하우어는 제자들에게는 친절했습니다. 무엇보다 말년에는 철학 애호가들이 그의 주위를 지켰습니다. 또 음악가 리하르트 바그너와 같은 이도 쇼펜하우어의 철학에 심취해 명작을 탄생시키는 데 영향을 받았습니다.

타인의 말은 행복에 아무런 영향을 미칠 수 없다

우리는 다른 사람이 나를 어떻게 생각하는지를 생각하느라 너무 많은 시간을 허비한다. 그러나 냉정히 생각해 보라. 타인의 평가는 우리의 행복에 아무런 영향을 미칠 수 없다. 타인의 생각에 휘둘리지 마라.

허영심은 꾸미는 말을 낳고,
자긍심은 조용함을 낳는다

자긍심은 스스로를 직접 평가하는 과정에서 생겨난
다. 반면 허영심은 외부로부터 높은 평가를 받으려
는 노력이다. 그래서 허영심은 자신을 꾸미는 말을
낳고, 자긍심은 조용함을 낳는다. 하지만 허영심이
강한 자는 알아야 한다. 무언가 꾸며내 말하기보다
차라리 침묵하는 편이 그토록 원했던 타인의 좋은
평가를 쉽고 확실하게 얻을 방법이라는 것을.

온전히 자신의 생각과 의지로 살라

인생은 자신의 생각과 의지로 살아가는 것이고, 타
인의 평판으로 사는 것이 아니라는 단순한 진실을
깨닫는다면, 우리는 좀 더 행복해질 것이다.

평가의 노예가 되지 말라

타인의 의견을 최대한 민감하지 않게 받아들이고 휘둘리지 않는 것이 바람직하다. 타인의 말에 기뻐하거나 불쾌해하는 감정 모두 사실은 같은 실에 매달려 조종당하는 것과 같다. 어느 쪽이든 남의 평가의 노예가 될 뿐이다.

자기 객관화가 더 중요하다

내가 남의 눈에 어떻게 비치는지를 신경 쓰지 말고, 스스로의 가치를 냉정하게 평가하라. 그쪽이 행복해지는 데 훨씬 큰 도움이 될 것이다.

명예의 진짜 의미

명예란 객관적으로는 우리의 가치에 대한 타인의
평가이며, 주관적으로는 타인의 의견에 대한 우리
의 두려움이다.

내가 평범한 사람임을 인정하라

어리석은 자일수록 겸손과 거리가 멀고 오히려 불쾌하게 여긴다. 왜냐하면 이 미덕을 따를수록 모든 면에서 타인과 다를 바 없는 평범한 사람이라는 사실을 받아들여야 하기 때문이다.

어차피 남들의 견해는 호의적이지 않다

로마의 역사학자 타키투스는 "지혜로운 자조차 가장 포기하기 힘든 것이 명예욕이다"라고 했다. 이러한 어리석은 마음에서 벗어나기 위해서는 먼저 자신의 어리석음을 제대로 직면해야 한다. 인간의 생각은 대부분 틀리거나 왜곡되어 있고 불합리하다. 그런 까닭에 잘못된 생각들에는 아무런 관심을 기울일 가치가 없다. 타인의 의견은 거의 모든 상황에서 우리에게 실질적으로 영향을 미치지 않는다. 또 그들의 견해는 대부분 호의적이지 않기 때문에 많은 이가 타인이 하는 말을 들으면 기분이 상한다. 결국 명예도 사실은 간접적인 가치만 지닐 뿐, 직접적인 가치는 없다.

만약 타인의 의견에 휘둘리는 어리석음에서 벗어난다면 믿을 수 없을 만큼 커다란 마음의 안정을 얻을 수 있다. 그 결과 한층 자유롭게 살 수 있을 것이다.

스스로 자랑할 게 부족한 사람은

세상에서 가장 값싸고, 인기 높은 자긍심은 애국심
이다. 애국심에 사로잡힌 사람은 스스로 자랑할 만
한 점이 여실히 부족한 자다. 만약 자신만의 장점이
있다면 결코 다른 수백만 명에게서 볼 수 있는 애국
심 같은 것에 탐닉하지는 않을 것이다.

결국 모두 사라진다

인생을 지나가는 많은 것이 원래는 모두 존재하지
않았다는 진실을 곧 알게 될 것이다.

✛ 성공 ✛ 당장의 결과에
연연하지 마라

쇼펜하우어는 타인의 평가에 휘둘리지 말고 주체적으로 자신의 길을 걸어야 한다고 말했습니다. 나아가 타인에게 좋게 평가받기를 바라는 것도 덧없는 바람이라고 말합니다.

쇼펜하우어는 '좋은 평판'이란 덧없는 것이기에 기껏해야 1년 정도밖에 지속되지 않는 반면, 오래토록 지속되는 '진정한 명성'은 뒤늦게 찾아온다고 했습니다. 마치 그 자신에 대해 하는 말처럼 느껴집니다.

그는 청장년기에는 마땅히 얻어야 할 명성을 별

로 얻지 못했습니다. 그가 30세에 출간한《의지와 표상으로서의 세계》는 스스로 획기적 명저라고 자부했음에도 판매량이 저조했고, 세간의 반향도 크지 않았습니다.

32세에 베를린 대학에서 시간 강사로 일하게 되었지만, 앞서 설명했듯 헤겔과 같은 시간에 강의를 진행한 탓에 수강자는 거의 없었습니다. 1826년, 38세 때는 겨울 학기 강의안에 이름은 올렸지만 실제로는 강의하지 못했고 이런 상황은 1831년 겨울 학기까지 계속되었습니다.

1833년 45세 때 프랑크푸르트 암마인 지역에서 칩거 생활에 들어간 이후로는 대학과는 일절 인연이 없어졌습니다. 교육자로서의 명성은 극히 저조했다고 말할 수 있겠지요.

그리고 이후의 저서도 좋은 평판을 얻지 못했습니다. 51세와 52세 때 두 개의 논문을 북유럽 학회의 현상 논문 모집에 제출했습니다. 그중 노르웨이 왕립학술원에 제출한〈인간 의지의 자유에 대하여〉는 당선되었지만, 덴마크 왕립학술원에 제출한〈도덕의 기초에 관하여〉는 낙선합니다. 5할의 성적을 거둔 셈입니다.

그러나 환갑이 넘어 출간한 그의 수필집《소품과 부록》은 독일뿐만 아니라 영국 등에서도 호평을 받으며 전 세계에 이름을 알릴 기회가 됐습니다. 유명인 사이에서도 그의 팬임을 자처하는 사람이 나타났는데, 그중 음악가인 바그너는 쇼펜하우어의 '음악의 형이상학'에 깊은 인상을 받았습니다. 그 뒤로 의지의 부정과 완전한 체념만이 진정으로 세계를 이해할 수 있게 한다는 쇼펜하우어의 사상을 〈트리스탄과 이졸데〉, 〈뉘른베르크의 명가수〉, 〈파르지팔〉이라는 세 작품에서 음악적으로 표현합니다.

그 밖에 니체, 키르케고르, 톨스토이 등이 쇼펜하우어의 철학을 높이 평가했고, 20세기에 들어서는 독일의 문호 토마스 만_Thomas Mann, 1875~1955_이 그에게 심취했습니다. 토마스 만은 1918년 〈비정치적 인간의 고찰〉에서 다음과 같이 말합니다.

교외 주택에 있던 방 한 칸이 지금도 생생하게 떠오른다. 나는 열여섯 살 때, 기묘한 모양의 소파에 드러누워《의지와 표상으로서의 세계》를 읽었다. 고독한 생활을 하면서 죽음을 꿈꾸던 청년이 이 형이상학에 관한 신비한 음료를 마신 것이다. 나는 바그너의 〈트리스탄〉이 이 책에서 큰 영향을 받았음을 발견했다.

쇼펜하우어의 사상은 그의 사후에 더 높이 평가받습니다. 니체와 같은 철학자뿐만 아니라 많은 예술가의 사상의 핵심이 되었습니다. 그는 이런 말을 남기기도 했습니다.

사후까지 이어지는 큰 명성은 씨앗에서 시작해 아주 천천히 자라나는 떡갈나무와 같다.

그는 진정으로 거대한 떡갈나무였을 것입니다.

가벼운 것은 멀리 날 수 없다

가벼운 물체는 아무리 세게 던져도 제대로 날아가
명중할 수 없고, 얼마 가지 못해 근처에 힘없이 떨
어진다. 그 이유는 가볍기에 외부의 힘을 받아들일
만한 중심을 가지고 있지 못하기 때문이다. 마찬가
지로 가볍고 현명하지 못한 사람은 아무리 위대한
사상이나 천재의 걸작을 접한다 해도 본질적으로
영향을 받기 어렵다.

오래 지속되는 것은 늦게 온다

모든 훌륭한 것이 천천히 성숙하듯, 명성도 오래 지속되는 것일수록 늦게 온다. 사후까지 이어지는 큰 명성은 마치 씨앗에서부터 천천히 자라는 떡갈나무를 닮았다. 한편 덧없는 명성은 1년이면 금방 자라는 식물과 같고, 잘못된 명성은 쉽게 싹트고 뽑히고 마는 잡초와 같다.

사람은 누구나 비슷한 것에 끌린다

누구나 자신과 동질적인 면만을 이해하고 평가할
수 있다. 평범한 자에게는 평범한 것, 저속한 자에
게는 저속한 것, 산만한 자에게는 혼란한 것 그리고
아둔한 자에게는 무의미한 것이 동질적인 것이다.
그리고 누구나 자신과 완전히 비슷한 것을 가장 마
음에 들어 한다.

명성은 추구하지 않을 때 따라온다

선과 정의를 추구하고 악을 피하려는 자는 대중과
지도자에게 저항해야 한다. 이와 같이 명성은 추구
하는 자에게는 뒤따르지 않고, 추구하지 않는 자들
에게 찾아온다. 명성을 추구하는 사람은 시대에 영
합하고, 명성을 등한시하는 자는 이에 저항하기 때
문이다.

남에게 박수받기를 기대하지 마라

남에게 박수받는 게 중요한 사람일수록 사실 박수
받을 자격이 없는 사람에 가깝다.

칭찬은 별 가치 없는 것이다

사후에 명성을 누릴 작품이 동시대인에게 인기 있는 것은 우연일 뿐이다. 왜냐하면 평범한 사람은 판단력이 부족한 데다 고상하고 난해한 작품을 평가할 능력이 전혀 없기 때문이다. 그들은 권위와 명성이 높은 사람들의 평가를 맹신한다. 그러니 동시대인의 칭찬은 진정한 사상가에게는 그다지 가치 없는 것이다.

과정에 집중하라

자기 속에 지닌 본질만이 절대적인 가치를 갖는다. 위대한 영웅이나 학자들의 가치와 행복도 오직 그들의 참된 자아 속에만 깃들여져 있다. 그러므로 우리가 소중히 해야 할 것은 명성 그 자체가 아니라 명성을 얻는 과정이다. 바로 이 과정이 실체고, 명성은 단지 사물의 속성일 뿐이다.

자신의 진가를 확인하는 법

명성은 주로 자신에 대한 평가를 확인하는 외적인 힌트가 된다. 일종의 반사광처럼 어떤 장점이든 명성에 의해서만 자신의 진가를 확인할 수 있다. 그렇지만 거짓 명성의 소유자는 그저 명성만 얻을 뿐이다. 업적이 없는 명성이나 명성을 동반하지 않는 업적도 있기 때문이다.

명성이 행복에 미치는 영향

행복론의 측면에서 명성은 우리의 자긍심과 허영을
북돋아 주는 더없이 진귀하고 맛 좋은 음식과 다름
없다.

평가보다 결과가 중요하다

명성은 어디까지나 이차적인 것으로, 경탄의 원인
은 경탄 그 자체보다 더욱 가치가 있다. 진정으로
사람을 행복하게 하는 것은 명성이 아니라 무엇으
로 명성을 얻었는가 하는 것, 즉 업적 그 자체에 있
다. 더 정확하게는 그 업적을 만들어낸 그들의 사고
방식이나 능력에 있다.

진짜 명성은 나이 들어서야 얻을 수 있다

살아 있는 이를 위해 기념비가 세워진다면 이는 후
대가 그를 아낄 가능성이 없기 때문이다. 사후에도
이어지는 명성이란 나이가 들어서야 얻을 수 있다.

재능을 발견한 것 자체가 행운이다

그러므로 행복의 본질은 명성을 안겨준 위대한 자
질 자체와 자질을 발전시킬 기회를 발견했다는 데
있다. 이렇게 정신의 풍요로움이 담긴 하나의 결과
물은 다음 수 세기 동안 찬사를 받는다.

✣관계✣ 서로 견딜 수 있는
적당한 거리

1857년 5월 4일, 69세의 쇼펜하우어는 당시 잘 알려진 독일 극작가인 43세의 프리드리히 헤벨-Friedrich Hebbel, 1813~1863_을 만나게 됩니다. 헤벨은 이상주의와 현실주의의 중간에 선 작가로, 당시 이미 〈마리아 막달레나〉와 〈헤롯과 마리안네〉, 〈아그네스 베르나우어〉 등의 작품을 쓰고, 무대에 올렸습니다.

헤벨의 친구이자 역시 극작가인 요르단은 쇼펜하우어와 아는 사이였는데, 이 사실을 안 헤벨은 여행 중 프랑크푸르트에 들렀을 때 쇼펜하우어를 꼭

만나게 해달라고 요르단에게 부탁합니다. 그러나 요르단은 쇼펜하우어가 다음과 같은 말로 사람들을 경멸하는 것을 알고 있었습니다.

'대부분의 인간은 두 발 달린 털 없는 짐승에 지나지 않는다. 나는 진정한 인간을 만난 적이 없다.'

그래서 요르단은 헤벨의 부탁을 거절합니다. 그러나 헤벨의 간청을 재차 저버리지도 못한 그는 어느 날 쇼펜하우어의 집에 헤벨과 함께 방문합니다.

부처의 조각상이 장식된 철학자의 방에 들어서면서, 요르단은 곧장 헤벨을 소개하며 쇼펜하우어에게 이렇게 말했습니다.

"이 사람은 두 발 달린 짐승이 아니라 진정한 인간이네. 내가 옳은 말을 하고 있는지 아닌지 금방 알 수 있을 걸세. 인사하게. 프리드리히 헤벨일세."

그러자 쇼펜하우어는 그때까지 찌푸리고 있던 표정을 활짝 펴고 미소를 지으며 헤벨을 향해 말했습니다.

"요르단, 당신의 말을 인정할 수밖에 없겠군."

"헤벨, 당신의 희곡인 〈마리아 막달레나〉는 제목이 참 좋았소. 이 희극에는 진짜 알맹이와 진리가 있었지."

그러다가도 "그러나 서문은 별로였네. 너무 서툴렀어"라며 비수를 꽂기도 했습니다.

헤벨은 이러한 평가에 잠시 좌절했지만 쇼펜하우어가 자신의 작품을 눈여겨봐주었을 뿐만 아니라, 약간의 칭찬을 한 것에 고마움을 느낍니다. 동시에 자신이 쇼펜하우어 저서의 애독자이며, 최고의 천재 철학자를 직접 만난 기쁨에 오늘이 생애 최고의 날이라고 고백합니다.

이러한 칭찬을 접한 후 한결 온화해진 쇼펜하우어는 "극작가인 당신이 잘 알겠지만, 연극이 이미 시작되었는데 조명 담당자가 아직 무대 위에서 서성거리고 거기에 조명까지 환하게 켜면 관객들은 어이없다는 뜻으로 웃음을 터뜨리지 않소. 나의 상황도 그와 다르지 않아. 드디어 세상에 이름을 알렸다는 희극이 이미 시작됐는데 아직 조명 담당자처럼 이 세상이라는 비극의 무대 위를 서성이고 있으니 말일세" 하며 자조했습니다.

염세적이었지만 누구보다 인간에 대한 관심이 지극했던 쇼펜하우어는 타인과의 관계를 대체 어떻

게 생각했을까요. 그가 남긴 글을 통해 살펴보겠습
니다.

어리석은 사람들 사이에 있지 마라

어리석은 사람들 가운데 올바른 통찰력을 갖춘 인물이 존재한다면 그는 온 동네 시계탑이 모두 고장난 도시에서 홀로 바르게 움직이는 시계와 같다. 그의 시계만이 올바른 시각을 나타낼 것이다. 하지만 이게 무슨 소용이란 말인가. 온 세상은 물론 자신의 시계만이 올바른 시각을 가리키는 것을 알고 있는 사람조차 잘못된 시계에 맞춰져 생활하게 되는데 말이다.

과한 호의를 베풀면 쉽게 본다

인간은 너그럽게 대하면 버릇이 없어진다는 점에서 어린아이를 닮았다. 따라서 누구에게나 너무 관대하거나 다정해서는 안 된다. 대체로 돈을 빌려달라는 친구의 부탁을 거절해도 친구를 잃지는 않지만, 돈을 빌려주면 바로 친구를 잃는 것과 같은 이치다. 마찬가지로 친구에게 다소 거만하거나 소홀한 행동을 한다고 해서 쉽게 친구를 잃는 것도 아니다. 그러나 친구에게 과한 친절과 호의를 베풀면 오히려 그가 상대를 쉽게 여겨 결국 파국을 초래한다.

어차피 남들은 나에게 관심이 없다

사람은 대부분 자기 자신 외에는 그 무엇에도 관심이 없다. 따라서 다른 사람들이 무슨 이야기를 하든 그저 자신부터 생각한다. 어쩌다 자기와 아주 조금이라도 관계가 있다 싶으면 완전히 관심을 빼앗겨 그 이야기의 주제를 판단하는 능력을 객관적 잃는다. 또 자신의 이익에 도움이 안 되거나 자랑스럽지 않은 이야기는 틀렸다고 간주한다.

소중한 사람일수록 마음을 숨겨라

만약 정말 소중한 사람이 있다면 오히려 그 마음을 숨겨라. 사람 사이에서의 우월감은 '어떤 경우에도 당신이 필요하지 않다'는 사실을 확신할 때 생긴다. 그러므로 상대에게 때때로 '당신 없이도 잘살 수 있다'는 사실을 느끼게 하는 것이 현명하다. 그때 오히려 우정이 돈독해진다. 때로는 상대방에게 약간 무관심한 태도를 취해도 좋다. 이러한 맥락에서 이탈리아 속담에는 "존경하지 않는 자가 존경받는다"라는 말도 있다.

자기의 수준만큼 남을 파악할 수 있다

그 누구도 자신을 뛰어넘어 타인을 볼 수 없다. 사람은 누구나 자기 지성의 수준만큼 타인을 이해하고 파악하기 때문이다. 지성이 뒤떨어지면 타인이 아무리 훌륭한 정신적 재능, 최고의 재능을 가지고 있을지라도 아무런 영향을 받지 못한다. 또 그런 자는 뛰어난 타인의 재능 중 가장 수준이 낮은 것, 즉 약점이나 성격, 기질상의 결함 그 이상을 감지하지 못할 것이다.

불의에 절망하거나 포기하지 말아야 한다

불합리한 일이 사회나 자기 주변에서 일어나고 있다고 해서 절망하거나 포기해서는 안 된다. 시간이 지나면 결국 올바른 판단이 내려져 재평가될 것이다. 이 사실을 알고 스스로 위로해야 한다.

내가 원하는 사람만 만날 수는 없다

어느 특정한 성격을 지닌 사람을 영원히 피할 수 있는 사람은 행운아다. 그러나 대부분은 사람을 견디는 법을 배우고 인내심을 길러야 한다. 그러니 내가 바꿀 수 없는 자들의 행동에 분개하는 것은, 길 위에 굴러와 앞을 가로막는 돌멩이를 보고 화를 내는 것과 같다.

내가 만나는 사람이 내 수준이다

모든 평가는 평가받는 자의 가치와 평가하는 자의
인식 차이로 발생한다. 따라서 사람은 누구나 자신
의 대화 상대와 같은 수준으로 맞춰지게 된다.

최악인 사람을 만났을 때

세상을 헤쳐 나가기 위해서는 행동에 조심하고, 관
대함을 가져야 한다. 매사에 조심성을 가지면 손해
와 손실을 막을 수 있고, 관용이 있으면 분쟁이나
싸움에 휘말릴 염려가 없다. 우리는 많은 사람 사이
에서 살아가야 하므로 비록 타인이 아무리 한심하
고 우스꽝스럽게 여겨져도 함부로 비난해서는 안
된다. 오히려 그 개성을 고유한 것으로 받아들여야
한다.

살다 보면 최악인 사람과 직면할 수 있다. 그런 경
우라도 '그런 괴상한 인간도 있을 수 있지'라고 생
각해야 한다. 만약 이러한 태도를 취하지 않으면 불
의를 저지른 것이자, 다른 이에게 시비를 거는 셈이
된다. 왜냐하면 상대방의 원래 개성, 즉 도덕적 성
격, 인지 능력, 기질과 인상 등은 결코 바꿀 수 없는
것이기 때문이다.

사소한 태도가 인격을 드러낸다

사소한 일로 사람의 성격을 판단할 수 있다. 하찮은
일이나 사소한 태도를 통해 어떤 사람인지 알 수 있
고, 남의 일에 조금도 신경 쓰지 않는 모습을 통해
극심한 이기주의를 발견할 수도 있다.

누구에게나 가면은 있다

사람들은 타인을 대할 때는 달처럼 한쪽 면만을 보여준다. 또 누구에게나 자기만의 가면으로 표정을 감추는 재능이 있다. 심지어 이 가면은 마치 진짜와 같다. 누구나 남의 비위를 맞추려고 할 때는 이런 가면을 쓰기 마련이다.

추억은 존재하지 않기에 아름답다

추억은 암실 속 집광렌즈와 같다. 추억은 모든 것을 불러 모으고, 이를 통해 실제로 그랬던 것보다 더 아름다운 상을 만들어낸다. 추억이 이토록 아름답게 느껴지는 것은 그것이 지금은 존재하지 않기 때문이다.

✜돈✜ 어떻게
소유할 것인가

쇼펜하우어는 자신의 철학인 '의지의 형이상학'을 설명하면서 '도덕'에 대해 자세히 다룬 반면 '경제 문제'에 대해서는 구체적 견해를 밝히지 않았습니다.

그러나 일상 속에서 그의 경제 감각은 매우 뛰어났습니다. 말년까지 저서도 좀처럼 팔리지 않았고, 그렇다고 교직 생활을 계속한 것도 아니었지만 학문과 저술에 몰두할 수 있었던 이유가 바로 여기에 있습니다. 그는 아버지가 남긴 재산을 잘 지켰을 뿐만 아니라, 주식 투자 등의 방법으로 더욱 불려 나갔습니다.

이런 사건도 있었습니다. 그는 대표작인 《의지와 표상으로서의 세계》를 출간한 이후인 1818년부터 1년 정도 이탈리아로 여행을 떠났습니다. 1819년 6월 밀라노를 유랑하던 그는 충격적인 소식을 듣게 됩니다. 아버지의 유산을 예금했던 고향의 은행이 파산했다는 소식을 듣게 된 것입니다. 밀라노에서 독일로 급히 돌아온 그는 여동생에게 이 문제를 해결해야 한다고 재촉하면서 동시에 특유의 날카로운 필치로 매우 적절한 편지를 써서 은행에 보냈습니다. 그 결과, 큰 피해를 입지 않고 재산을 지킬 수 있었습니다.

이처럼 쇼펜하우어는 세상 물정에 어두운 다른 철학자들과 달리 경제 감각이 뛰어났기 때문에 이후에도 재산을 분산 투자하며 자산을 늘려나갑니다. 그는 아버지의 권유로 어쩔 수 없이 함부르크에서 상인이 될 준비를 했다고 했지만, 이때의 교육이 없었다면 훗날 영리한 투자는 하기 어려웠을지도 모릅니다. 삶에서 어떤 경험이 어떻게 도움이 될지는 아무도 모르는 일인 듯합니다.

진짜 행복을 모르면 돈에 집착한다

행복을 누릴 능력이 없는 사람은 마음을 모두 돈에
바친다.

소유할수록 갈증이 생긴다

부란 바닷물과 같은 것으로, 마시면 마실수록 목이
마르다. 사회적 지위도 마찬가지다.

허영심이 쓸데없는 소비를 부추긴다

우리가 겪고 있는 모든 절망과 근심의 태반은 남의
말을 과하게 의식한 데에서 비롯된다. 쉽게 상처받
고, 병적으로 예민해지는 자존심의 바탕에는 허영
심과 허세가, 과시의 밑바닥에는 타인을 의식하는
태도가 깔려 있다.

남의 시선을 의식하지 않았다면 쓸데없는 소비는
10분의 1로 줄지 모른다. 자존심과 명예욕도 종류
는 다르겠지만 타인을 의식하기 때문에 생긴다. 타
인의 시선에 휘둘림으로써 우리는 얼마나 큰 희생
을 치루고 있는가.

게으른 사람은 행복할 수 없다

그다지 고상하지 못한 사람들이 재산을 손에 쥐었을 때, 그중 일부는 타인을 위해 그 재산을 사용할 것이다. 한편으로 타인에게 도움을 주기는커녕 학문을 갈고닦을 생각도 없는 사람들은 유산을 물려받은들 게으른 자에 머물 것이다. 게으른 사람은 행복할 수 없다. 겨우 결핍에서 벗어날지는 몰라도 불행의 다른 극단인 권태에 시달리게 되기 때문이다.

부가 최고의 가치를 낳는 순간

부모의 재산은 고상한 정신력을 갖추고, 돈벌이와는 전혀 상관없는 일을 하는 사람들의 손에 넘어갈 때 비로소 최고의 가치를 갖는다. 이런 상황에서 그들은 자기의 창조적 능력을 충분히 발휘하고, 남이 할 수 없는 일을 해내고, 인류 전체의 이익이 된다. 또 명예로운 무언가를 만들어냄으로써 인류에게 자신의 책무를 수백 배로 갚을 것이다.

잃은 돈도 쓸모가 있다

사기당한 돈만큼 효과적으로 쓰인 돈은 없다. 평생 얻기 어려운 현명함을 그 대가로 주기 때문이다.

3장

/

나를 지키면서
원하는 인생을 사는 법

Arthur
Schopenhauer

❖ 태도 ❖ 감정을 드러내지 않을 때
원하는 것을 얻을 수 있다

쇼펜하우어는 탁월한 사람은 결코 뽐내거나 자만하지 않으며, 자신을 있는 그대로 드러낸다고 했습니다. 다만 세상에는 여러 가지 규칙과 관습이 있기 때문에 예의를 잊어서는 안 된다고도 말합니다.

쇼펜하우어는 편지를 쓸 때도 예의를 잊지 않았던 듯합니다. 19세기에 편지는 오늘날과는 비교할 수 없을 정도로 중요했습니다. 특히 18~19세기에 편지는 중요한 소통 도구로 자신의 사상이나 마음을 상대에게 전달하는 최선의 수단으로 여겨졌습니다. 그뿐 아니라 편지 교환만으로 완성된 문학(서간문학)도 많이 탄생했습니다.

쇼펜하우어는 누군가에게 편지를 쓸 때 자신의 의견을 드러내는 데 주저하지 않았습니다. 《의지와 표상으로서의 세계》의 출판을 요청하기 위해 출판사에 보낸 서신에서도 품위를 잃지 않으면서, 자신이 쓴 원고의 세계사적 의의를 도도하게 논합니다. 요즘에도 자신의 탁월성을 노골적으로 강조하는 사람이 많지만, 쇼펜하우어의 경우는 근거가 있는 당당함 때문인지 자유분방한 표현을 접해도 싫지 않고 감탄스러울 뿐입니다.

여기서 그 내용의 일부를 소개합니다. 먼저 쇼펜하우어가 자신의 대표작 출판을 의뢰하며 쓴 편지의 일부입니다(1818년 3월 28일).

제 원고는 새로운 종류의 철학으로, 결코 현존하는 철학의 분파 등이 아니라 지금까지 인류가 한 번도 생각한 적 없는, 명확하게 정의된 사상입니다. 타인이 쉽게 이해할 수 있도록 고심 끝에 집필한 이 글은 앞으로 간행될 다른 수백 권의 글에 다양한 자극과 생각을 안겨줄 것이라고 확신합니다.

(…) 저는 1년 전부터 대중이 부담 없이 읽을 수 있는 얇은 강의록을 만들기 시작했고, 드디어 완성했습니다. 가볍게 쓴 내용이지만 최근 철학자들의 경박한 글과는 하늘과 땅 차이입니다. 나의 글은 매우 명확해서 알기 쉬울 뿐 아니라 미문(美文)이라고 할 것까진 없지만 활력이 넘칩니다.

1819년 출간된 《의지와 표상으로서의 세계》의 판매량은 저조했지만, 쇼펜하우어 철학의 정수로 대중의 주목을 받았습니다. 그로부터 24년이 지난 후, 그는 출간 이후로 연구해온 자신의 사상을 그 속편으로 출간하고자 다시 출판사에 편지를 보냅니다(1843년 3월 7일).

55세에 발표하려는 이 속편에는 《의지와 표상으로서의 세계》보다 뛰어난 점이 있습니다. 마치 정성 들인 그림이 단순한 스케치보다 나은 것과 같은 이치이지요.
이 속편은 풍성한 지식과 날카롭게 확립된 생각을 바탕으로 쓴 것입니다. 부단한 학습과 반성

끝에 이루어낸 성과라고 할 수 있겠습니다. 어쨌든 이 '속편' 원고는 저의 지금까지의 글 중에서 가장 뛰어난 것입니다.

《의지와 표상으로서의 세계》도 이 속편으로 보강되면서 그 의의가 향상될 것입니다. 나는 24년 전보다 훨씬 자유분방하게 발언할 수 있습니다. 해를 거듭할수록 생활이 안정되었고, 대학 교직과는 완전히 무관해졌기 때문이지요.

쇼펜하우어의 자기 어필이 다소 과하게 느껴질 수도 있지만 그가 독창적이고 천재적인 사상가라는 점, 주위에 헤겔을 비롯한 학문적 라이벌이 많았다는 점을 떠올려볼 때 이런 주장은 어쩌면 당연할지도 모릅니다. 다음의 글들을 통해 어떻게 그처럼 자기 주장을 명확하게 하면서도 예의를 지켜나갈 수 있을지 그 실마리를 찾아보겠습니다.

말로 남을 바꿀 수 있다는 생각은 착각이다

가능하면 다른 사람과 대화할 때는 반박하지 않는
게 좋다. 왜냐하면 사람을 화나게 하는 것은 쉽지만,
상대의 생각을 바꾸기란 불가능에 가깝기 때문이
다.

예의는 적의를 호의로 바꾼다

자연 상태에서 단단한 밀랍은 조금 열을 가하면 매우 유연해져 원하는 대로 형태로 만들 수 있다. 마찬가지로 약간의 예의와 우정을 보여주기만 하면 완고하고 적의를 품은 사람도 유순하고 호의적으로 바뀐다. 그러므로 예의는 인간에게 열이 밀랍에 미치는 영향과 같은 효과를 나타낸다.

거짓말의 역설

누군가가 거짓말을 하고 있다는 의심이 들면 믿는 척하는 게 좋다. 그러면 그는 점점 더 큰 거짓말을 하게 되고, 마침내 들킬 것이다. 반대로 상대방이 숨기고 싶은 진실을 무심코 말했을 때는 그것을 믿지 않는 척해야 한다. 그러면 상대는 모든 진실을 고백하고 말 것이다.

침묵으로 말하라

현명함은 말이 아닌 침묵으로 드러내는 것이다. 침묵하는 자에게는 현명함이, 어리석은 자에게는 허영심이 가득하다.

거짓 친절을 경계하라

거짓된 친절과 어리석은 우정은 두고두고 조심해야
한다. "사랑하지도 말고, 미워하지도 말라"라는 말이
처세술의 절반이라면, "아무것도 말하지 말고, 아무
것도 믿지 말라"가 나머지 절반이다.

감정을 쉬이 드러내지 마라

분노나 미움을 말이나 표정으로 드러내는 것은 쓸
모없고, 어리석고, 우스운 일이다. 따라서 이런 감정
은 드러내지 않는 게 좋다. 분노나 미움을 완벽하게
드러내지 않을수록 잘못된 행위는 더 자명하게 보
인다.

나이 듦의 의미

나이 듦이 마냥 나쁜 것만은 아니다. 죽음은 질투를 가라앉히지만, 나이 듦은 미워하는 마음의 절반을 잠재운다.

나보다 못한 사람에게 끌리는 이유

인간은 열등한 사람에게 더 끌린다. 자신에게 기분 좋은 우월함을 안겨주기 때문이다.

자기 밖을 통해 자기 안을 들여다볼 수 있다

외부세계를 통해 내면세계를 더 분명히 알 수 있다.
왜냐하면 원래 내적 본질은 쉽게 인식할 수 없고,
단지 사물의 상태만 알 수 있기 때문이다. 배 내부
를 들여다볼 때는 배가 얼마나 빠르게 나아가는지
알 수 없지만, 수면을 바라보면 비로소 알 수 있는
것과 같다.

어리석은 자는 현명한 자를 볼 때 반발한다

어리석은 자들은 자신과 정반대의 인물을 보면 반발한다. 질투가 나기 때문이다.

주장할 때는 흥분하지 않는 게 좋다

타인이 내 판단을 믿게 하려면 냉정하게 말해야 한
다. 모든 격렬함은 의지에서 발생하기 때문이다. 주
장할 때 흥분하면 사람들은 당신이 이성적으로 판
단했다기보다 들끓는 감정에 따라 판단했다고 여길
것이다.

교육의 한계

만약 훈계나 교육이 효과가 있었다면, 어떻게 세네
카의 제자가 네로일 수 있겠는가.[•]

• 고대 철학자 세네카는 로마의 황
제이자 폭군의 대명사인 네로의
스승이었다.

어리석은 세상에서 탁월함은 인정받기 어렵다

권위와 부는 항상 존경의 대상이 되지만, 정신적 탁월함은 존경의 대상이 되지 않는다. 어리석은 자들은 자신들의 영혼을 찌르는 탁월함을 무시할 뿐이다. 그래서 정신적 탁월함은 오히려 무례함으로 간주되거나 자랑해서는 안 되는 것으로 여겨진다.

오늘은 두 번 오지 않는다

'오늘'은 단 한 번뿐이고, 두 번 다시 찾아오지 않는다는 것을 기억하라.

선입견과 편견은 진리와 대립한다

진리를 발견할 때 가장 큰 장애물은 빈약한 지성이 아닌 선입견과 편견이다. 선입견과 편견은 일종의 후천적인 성격으로, 진리와 대립한다. 이는 마치 배를 육지가 아닌 바다 쪽으로 밀어내는 역풍과 같아서 닻이나 돛을 무용지물로 만든다. 따라서 후천적인 성격을 어떻게 획득하느냐에 따라 진리를 받아들이는 태도가 달라진다.

시간의 선물

시간은 쉽게 사라지지 않는 모든 것들, 즉, 우울, 분노, 손실, 모욕을 쉽게 사라지게 한다.

○ ○ ○

인생이라는 짧은 꿈에 비해 시간의 무한한 밤은 얼마나 긴가.

적을 만드는 일은 자기 집에 불을 지르는 것과 같다

예의는 도덕적, 지적으로 빈약한 상태를 서로 무시하거나 드러내지 않기 위해 암묵적으로 합의한 결과다. 따라서 예의 있는 태도는 현명하며, 이를 무시하는 것은 어리석은 짓이다. 무례하게 행동하면서 불필요하게 적을 만드는 일은 자기 집에 불을 지르는 것처럼 미친 짓이다. 왜냐하면 예의는 마치 계산용 모조 화폐나 다름없기 때문이다. 이를 아끼는 것은 어리석음의 증거이고, 적당히 쓰는 것이 분별 있는 태도다.

예의를 차려서 손해 볼 일은 없다

예의를 차리는 것은 미소 짓는 가면을 쓴 것과 같다. 가면의 위치가 다소 비뚤어지거나 잠깐 벗겨지더라도 결코 그것을 본 상대방이 고함을 치지는 않을 것이다.

성향에 맞게 행동하라

다른 사람의 행동을 내 행동의 본보기로 삼아서는 안 된다. 왜냐하면 나의 외모, 상황, 환경과 성격은 다른 사람과 다르기 때문이다. 충분히 생각하고, 끈질기게 고민하면서 자기 성향에 맞게 행동해야 한다. 그렇지 않으면 당신이 하는 행동이 당신의 본질과 일치하지 않게 된다.

저속한 대화는 무시하라

만약 말도 안 되게 저속한 대화를 들었다면 어리석은 바보가 연기하는 희극(코미디)의 한 장면이라고 생각하면 좋다.

말과 생각의 거리

고민을 토로하면 가슴이 후련해짐을 느끼는 사람이
있다. 그러나 이런 행동은 습관이 되지 않도록 주의
해야 한다. 왜냐하면 이런 일이 반복되다 보면 어느
새 생각과 말이 친밀해져서 타인과 대화를 하다가
무심결에 생각이 불쑥 말로 표현될 수 있기 때문이
다. 그렇기에 생각과 말 사이에 거리를 두어야 한다.

무례한 행동에 적대감을 품지 말되 잊지는 마라

가능한 한 그 누구에게도 적대감을 품지 않는 것이 좋다. 하지만 인간의 성격은 변하지 않으므로, 사람마다의 행동을 잘 기억해두는 일은 중요하다. 그런 후 그들 각각의 가치를 정하고, 그에 대한 우리의 태도를 정해야 한다. 그러므로 타인의 나쁜 면을 잊는 것은 고생해서 번 돈을 내다 버리는 것이나 다름 없다.

언제나 진리를 추구해야 한다

진리는 어떤 상황에서든, 모든 시대에서 빛을 발한다. 또 진리는 한 사람에 의해 만들어지고 창조되지 않는다. 길과 길이 이어져 전 인류가 도달하는 동산이다. 이를 잊지 말아야 한다.

삶은 그 형태만 다를 뿐 비슷하다

삶은 오두막에서 살든, 궁전이나 수도원 혹은 군대에서 살든 모두 같다. 삶 속에서 일어나는 사건이나 모험, 행복과 불행의 모습 또한 다양하지만 본질적으로는 같은 것이다. 마치 과자를 구울 때와 비슷하다. 완성된 과자는 형태와 색이 다양하고 모양도 다르지만 모두 같은 반죽으로 만들어진 것이다. 나에게 일어난 일은 다른 사람에게 우연히 일어난 일과 크게 다르지 않다.

❖ 대화 ❖　내가 말한 것이
　　　　　　　나다

쇼펜하우어는 고독을 사랑했습니다. 특히 프랑크푸
르트에서 칩거한 이후로는 타인과 친밀하게 지내거
나 토론한 일도 거의 없어 보입니다. 그러나 말년에
업적을 인정받으면서 그의 주위에 철학 애호가들이
모이기 시작했고, 토론도 잦아졌습니다. 지금부터
소개할《쇼펜하우어와의 대화》를 쓴 빌헬름 그비너-
Wilhelm Gwinner-도 그와 토론한 사람 중 한 명입니다.
이 글은 쇼펜하우어 사후에 바로 집필된 것으로, 그
는 특히 쇼펜하우어의 대화법이 얼마나 훌륭했는지
강조했습니다.

　　그비너는 쇼펜하우어가 대화의 달인이었다고

밝혔습니다. 오래전 니체가 괴테의 작품 중 가장 뛰어난 것이 《괴테와의 대화》라고 말했듯, 만약 쇼펜하우어의 담화집이 출간됐다면 그의 저서 이상으로 흥미로웠을 겁니다.

쇼펜하우어는 제자들에게 잡담 같은 것은 거의 하지 않았고, 늘 단도직입적으로 그가 중시하고 애호했던 철학적 문제를 중심으로 대화했다고 합니다.

그는 결코 추상적으로 말하지 않았다. 그의 말은 그의 문체처럼 직관적이고 단순하며 정확했고, 심지어 생생했다. 가족과의 생활이나 다른 공동생활에서 겪어야 할 수많은 관심이나 배려 혹은 고민이나 기쁨에 전혀 시달리지 않은 덕분일까. 그의 독특하고 흥미로운 대화 방식은 고대인의 '변증법'을 떠올리게 했다.

그와의 대화는 순수한 정신적 대화이며, 요즈음 철학자의 발언들과는 매우 다르다. 그는 복잡한 표현을 사용하지 않고도, 고대 사상가들처럼 조화롭고 풍부한 이념에서 출발한 자유로운 생각을 활발하게 펼쳐냈다.

그비너에 의하면 쇼펜하우어는 인생 문제를 비롯한 온 세상에 대해 의견을 밝혔지만 음란한 화제는 피했습니다. 이에 대해 "자신이 경멸하는 영역을 논하는 것은 그의 생활과 지혜의 근본 원칙에 어긋나기 때문이다"라고 말합니다.

　쇼펜하우어는 세상 사람들과 대화를 시작하자마자 납득 가지 않는 수많은 사상이나 거짓말에 직면했고 입을 다물 수밖에 없었다. 하지만 자연을 상대할 때는 자신의 뛰어난 사상을 충분히 발휘한 자유로운 대화를 즐길 수 있었다.

　이러한 내용은 그가 인간보다 자연을, 그중에서도 야생 동식물과 말없이 교류했음을 보여줍니다.
　실제로 쇼펜하우어는 1854년 프랑크푸르트의 박람회에서 오랑우탄이 구경거리가 되었다는 소식을 듣고 곧바로 구경하러 갔습니다. 칠순이 되어서야 이 생물과 만날 수 있는 기회를 얻었다며 기뻐한 쇼펜하우어는 오랑우탄이 교활하거나 악의적인 눈빛은 전혀 보이지 않았고, 머리나 이마 등은 열등한

인간보다 오히려 뛰어나다고 느꼈습니다. 그비녀는
이 순간을 이렇게 썼습니다.

> 쇼펜하우어는 우수에 찬 이 진귀한 동물의 표정
> 을 약속의 땅 가나안에 온 예언자의 눈빛에 비할
> 만한 자연스러운 의지의 표현으로 보았다.

이어서 쇼펜하우어가 깊은 인식의 결과로 은둔
자가 되었다고 말합니다. 그리고 그는 세속인과 비
교할 수 없는 강한 내면을 가졌다고 밝혔습니다.

칩거하면서도 예리한 대화를 나눈 쇼펜하우어
는 사람들에게 어떻게 사귀고 우정을 나누라고 설
명했을까요? 다음에 등장할 그의 명언을 통해 살펴
보시지요.

허세의 하찮음

허세는 언제나 경멸을 불러일으킨다. 첫째, 허세는
공포심이 바탕이기 때문에 그 자체로 비겁하다. 둘
째, 허세는 자기 자신에게 내리는 유죄 선고와 다름
없다. 실제보다 자신을 더 낮게 보이려고 하면서 자
신의 진짜 모습을 부정하기 때문이다. 따라서 자만
심은 오히려 자랑할 만한 게 없다는 자기 고백에 불
과하다.

과시는 결핍의 증거다

자만하는 사람에게는 자만심이 약점이 된다. 정말
뛰어난 사람은 과시하고 남에게 아부하지 않는다.
오히려 가진 것을 느긋하게 유지할 수 있도록 갈고
닦을 뿐이다.

진정한 우정은 원래 얻기 어렵다

진정한 우정은 상대방의 행복과 불행에 대한 객관적이고, 완전히 무심한 관심을 전제로 한다. 이러한 관심은 자신과 친구와 동일시하는 것을 의미한다. 진정한 우정을 방해하는 것은 인간의 본성에 둥지를 틀고 있는 이기심이다. 그러니 진정한 우정이란 거대한 바다뱀처럼 지어낸 이야기이거나, 그 존재를 알 수 없는 희귀한 것이다.

친분을 강조하는 사람일수록 적에 가깝다

스스로 진정한 친구라고 자칭하는 사람은 사실 적
이다. 따라서 그들의 말 이면의 것을 쓰디쓴 약으로
받아들여 자신을 되돌아보아야 한다.

본성을 거스르기는 어렵다

후천적으로 타고난 성격을 바꾸려 할 때 우리는 다음 문장의 옳음을 뼈저리게 느끼게 될 것이다.

본성이란 갈퀴로 몰아내도
결국 다시 돌아오고야 만다.

_호라티우스,《시학》

다툼의 원인은 되풀이된다

한 번 싸우고 헤어진 친구와 다시 화해하려면 결국
대가를 치러야 한다. 그 친구는 다시 기회가 생길
때마다 다툼의 원인이 되었던 바로 그 행동을 되풀
이할 것이다. 그뿐 아니라 자신이 상대에게 없어서
는 안 될 사람이라고 생각하게 되기 때문에 더 심한
행동을 할 수도 있다.

불쾌한 일을 겪어도 분노하지 마라

실생활이나 문학 속에서 극단적으로 저속한 것을
만나더라도 그것을 불쾌함이나 분노의 소재로 삼아
서는 안 된다. 오히려 감정을 삭이면서 차라리 자신
의 성격 연구에 어느 정도 기여했다고 생각하는 편
이 좋다. 그러면 어떤 사람의 저속한 모습을 우연히
목격하게 돼도 매우 특이한 표본을 발견한 것처럼
태연하게 관찰할 수 있을 것이다.

눈앞의 일에 집중하라

먼 미래보다 눈앞의 일과 행동에 집중해야 한다.

규칙을 지키는 사람, 그렇지 못한 사람

망설임 없이 자신이 속한 집단의 규칙을 어기는 자
는 나라의 규칙도 어길 사람이다.

인간은 바뀌지 않는다

인간은 모든 일을 다 잊을 수 있지만, 자신의 본질만은 잊을 수 없다. 자신의 성격과 행동은 결코 바뀌지 않기 때문이다. 인간의 행동은 내면 원리에서 비롯되는 것이므로 그 원리를 따르는 인간은 항상 같은 상황에서 같은 행동을 할 수밖에 없다.

상황이 바뀌면 관계도 변한다

상황이 바뀌었다면 타인이 예전과 같이 행동해 줄 거라고 기대해서는 안 된다. 사람들은 자신에게 좋은 방향으로 생각과 태도를 바꾸기 때문이다.

남의 결점을 지적하기 전에 자기 결점을 알라

사람은 모든 물체의 무게를 느끼면서도 정작 자신의 무게는 잘 모른다. 마찬가지로 사람은 자신의 결점이나 악덕을 깨닫지 못하고, 남의 결점만 알아챈다. 하지만 누구에게나 자신의 악행이나 결점, 무례함과 역겨운 모습을 비추는 '타인'이라는 거울이 있다. 이 거울을 통해 자기의 진짜 모습을 똑똑히 볼수 있는데, 다만 인간은 그 모습을 제대로 바라보지 못할 뿐이다.

타인이라는 거울

자신의 단점과 약점을 제대로 깨닫기 위해서는 타인의 결점을 알고 비판하는 것이 적절하다. 누구에게나 자신의 부족함을 선명하게 보여주는 타인이라는 거울이 있다. 이 사실을 기억하는 한 남을 들여다보는 자는 자신을 개선해 나가고 있는 셈이다.

관용과 인내심을 기르는 법

내 생각과 다른 의견에 관용을 베풀고, 인내심을 키우려면 어떻게 해야 할까. 같은 주제에 대한 상반된 의견을 정리해 본 후 다양한 견해에 따른 내 반응을 살핀다. 그 과정에서 스스로 나와 다른 의견을 무시하거나 받아들이는지 파악한다.

이러한 맥락에서 다른 이의 의견이 나와 다를 때 그 사람이 내 말에 귀를 기울이게 하기 위해서는 "나도 당신과 같은 의견을 갖고 있었지만…" 하고 시작하는 것이 효과적이다.

✣고독✣ 고독 가운데서야
진짜 나를 발견한다

스트레스는 예나 지금이나 사람들을 괴롭히는 문제입니다. 그래서 미국과 유럽에서는 특히 종교의 힘을 빌려 문제를 극복하고 스트레스를 해소하려는 노력이 널리 있어왔습니다. 가톨릭에서의 '고해'도 그 예입니다. 저는 언젠가 밀라노 대성당에 방문한 적이 있습니다. 웅장한 성당 그 자체도 놀라웠지만, 성당 한구석에서 사제와 신자가 이야기를 나누는 모습이 흥미로웠습니다.

그러나 요즘에는 고민이 있을 때 종교에 의존하기보다 정신의학 전문가(예를 들어 카운슬러)를 찾는 경우가 많아졌습니다. 유명한 프로이트의 정신분석을 비롯해 다양한 심리 치료가 발달하기도 했고요.

쇼펜하우어는 명랑한 기분을 잃지 않기 위해 스트레스 해소에 힘썼습니다. 그러나 그는 사제와 신자 혹은 의사(카운슬러)와 환자처럼 '대화' 형식을 취하지는 않았습니다.

쇼펜하우어는 고독 속에서 지식을 추구하며 생활해야 한다고 강조했습니다. 또 인간관계 속에서 명예나 평판을 추구하기보다는 스스로 평온한 상태에서 여가 시간을 누릴 수 있어야 한다고 말했습니다. 물론 여러 사람과의 복잡한 관계 속에서 살아가야 하는 요즘에는 홀로 조용히 은둔자 같은 삶을 추구하기가 쉽지 않을 것입니다. 또 혼자만의 평정을 유지하겠다고 방 안에 틀어박혀 사람들과의 대화를 거부하면 사회생활이 어려워질 수도 있습니다. 그래서 쇼펜하우어의 '고독한 생활론'에 의문을 품는 사람도 있습니다. 그러나 마인드셋 차원에서 쇼펜하우어의 스트레스에 관한 이야기는 일면 타당한 부분이 있습니다. 여기서는 이와 관련된 그의 명언을 만나보겠습니다.

내면이 단단한 사람과 그렇지 못한 사람

내면이 단단한 사람은 온전한 고독 가운데서도 자신의 생각과 상상 속에서 즐거움을 찾을 수 있다. 반면 어리석은 사람은 영원히 쾌락을 좇아도 고통스러운 지루함을 피할 길이 없다.

고독을 다루는 법

아둔한 자는 고독할 때, 자신의 가난한 내면에서 벗어나지 못하고 그저 한숨만 쉰다. 반면 현명한 사람은 고독하고 애처로운 환경 속에서도 자신의 철학을 세우며 행복한 삶을 산다.

시간을 때우는 사람, 시간을 활용하는 사람

평범한 사람은 그저 어떻게든 시간을 때울지 생각만 하고, 재능이 있는 사람은 어떻게든 주어진 시간을 활용하려 한다.

가혹한 운명 속에서 희망을 발견하는 법

세상에는 악이 난무하고 어리석음이 가득하다. 운명은 가혹하고, 불쌍한 사람이 가득하다. 이런 세상에서도 내면이 단단한 사람은 12월의 밤, 눈과 얼음한가운데 있을지라도 밝고 따뜻하며 즐겁게 크리스마스를 축하할 수 있다.

지적인 생활은 인간을 구한다

지적인 생활은 단순히 권태를 막는 데 그치지 않고, 권태의 해로움으로부터 인간을 구한다. 즉, 나쁜 인간관계에서 벗어나게 하고, 불행과 피해, 낭비를 막아주는 울타리가 되어준다.

견디는 것은 그 자체로 훌륭하다

삶은 어떻게든 끝내야 하는 어려운 과제나 다름없
다. 그래서 인생을 견뎌내는 것은 그 자체로 멋진
것이다.

보이는 것보다 보이지 않는 것이 소중하다

남에게 보여주기 위해 겉치레에만 신경 쓰다가 내면의 소중한 것을 잃는 자는 어리석다. 외모, 부, 명예나 인정을 위해서 자신의 평온, 여가, 독립을 완전히 혹은 대부분을 희생하는 것은 어리석은 짓이다.

고독이 알려주는 것

현명한 사람은 고독한 상태에서 자기를 직면할 때
자신의 진짜 모습을 제대로 들여다볼 수 있다.

타인에게 의존하지 마라

내면이 풍요로워서 자기 자신을 지키기 위해 외부의 도움을 받지 않아도 되는 사람이 가장 행복하다. 타인에게 도움을 받으면 반드시 그 대가를 치르거나 속박을 당하기 때문이다.

기쁨의 원천

기쁨의 원천을 자기의 내면에서 발견하는 사람일수록 행복해진다.

고독이 주는 자유

고독을 사랑하는 자만이 진정 자유로워질 수 있다.

통찰하는 사람이 이루는 것

뛰어난 정신력을 가진 사람은 마치 예술품을 만드는 것과 같이 지적인 삶에 매진한다. 끊임없이 통찰하고 생각하는 과정에서 일관성 있게 발전을 거듭하면서 온전하고 완전한 생활을 이루어낸다. 반면 보통 사람들은 그저 일신상의 행복만을 중시하며 가난한 내면을 가지고 살아간다. 이런 이들은 일신상의 행복을 '목표'로 하는 반면 지적인 생활을 하는 자들에게 일신상의 행복은 단순한 '수단'일 뿐이다.

지금은 알지 못하는 것들

우리는 삶에 일어난 중요한 일들의 연관성을 그때
는 이해하지 못하고 시간이 흐른 후에야 비로소 이
해한다.

자기를 긍정하며 살아야 하는 이유

인간이 고통받고, 불행한 이유는 무엇일까. 인간에게 내재된 악의 존재 때문이다. 곤궁과 고뇌의 채찍이 인간에게 있지 않다면 어떻게 편협, 비열, 음모 같은 악덕이 성행할 수 있겠는가. 남을 괴롭히지 않으려면 인간은 정직하게 살아야 한다. 자긍심을 갖고 말이다.

4장

/

그럼에도
우리를 위로하는 것들

Arthur
Schopenhauer

✜ 건강 ✜ 살아 있어야 행복할 수도, 불행할 수도 있다

쇼펜하우어는 《의지와 표상으로서의 세계》를 출간했던 혈기 왕성한 30대 초반 무렵과 달리 중년과 노년이 되면서 일상적인 생활의 지혜에 대해 이야기하게 됩니다. 이를 집대성한 책이 〈삶의 지혜에 대한 격언〉입니다. 여기서 그는 윤리학적 입장에서 벗어나 일반적인 경험을 바탕으로 삶을 가능한 한 편안하고 행복하게 보낼 방법에 관해 고민했습니다.

먼저 쇼펜하우어는 이 세상에서 가치 있다고 여겨지는 모든 사물이 허무한 것임을 확신하고, 웃어

넘기면서 세상의 허상을 꿰뚫어 볼 때 마음의 평정
을 얻을 수 있다고 했습니다. 마음의 평정을 위해서
고독을 견디고 고독을 사랑하는 자세가 도움이 된
다고도 강조했고요.

건강과 유쾌함 또한 중요한 삶의 요소였습니다.
쇼펜하우어는 육체의 건강을 다른 어떤 철학자들보
다 중요하게 여겼습니다. 건강하게 살아 있어야 사
랑, 고통, 행복하다는 착각까지 모든 것이 존재할 수
있기 때문입니다. 스스로도 오랜 세월 건강에 신경
썼는데, 70세 때는 이런 글도 남겼습니다.

나도 드디어 목표에 도달했다. 생애의 마지막
단계에 이르러 지금껏 내가 지켜온 습관들이 효
과를 낸다는 게 만족스럽다. 충분한 수면과 튼
튼한 위장이 나를 이토록 오래 살도록 해주었을
것이다.

건강을 지키기 위해서는 영양가 있는 식사를 하
고, 적당히 운동하고, 무엇보다 스트레스가 적은 생
활을 하는 게 중요하겠죠. 하지만 바쁘고, 고민이 많

은 현대인은 이를 지키기가 쉽지 않습니다.

　그러나 쇼펜하우어는 건강을 지키기 위해 1833년, 45세에 프랑크푸르트로 이주한 뒤부터 마치 칸트처럼 규칙적으로 생활했습니다. 그는 날씨가 덥든 춥든 아침 7~8시쯤 일어나자마자 냉수욕을 했습니다. 그런 뒤 커피 한잔을 직접 끓여 마신 뒤 공부에 힘썼습니다. 오후 1시에는 마인강과 가까운 호텔의 레스토랑에서 점심 식사를 즐겼습니다. 예로부터 독일에는 "점심은 사치스럽게 먹고, 아침과 저녁은 간단하게 먹어라"라는 말이 내려져 오는데, 쇼펜하우어도 그 풍습을 따른 듯합니다. 레스토랑에서 돌아온 뒤에는 커피를 한잔 더 마시고, 낮잠을 잤습니다. 오후에는 독서를 한 뒤, 반려견과 산책을 했습니다. 그리고 마침내 평온한 밤을 맞이합니다. 그는 1860년 72세의 나이에 폐렴으로 숨을 거두었는데, 당시 기준으로는 장수한 편입니다.

　그로부터 100여 년의 세월이 흘렀습니다. 그간 세계적으로 평균 수명이 늘었습니다. 쇼펜하우어가 오늘날 살고 있다면 어떻게 건강을 지켰을까요. 모르긴 몰라도 철저한 습관과 운동으로 꽤나 오랫동

안 그의 철학을 발전시켰을 것도 같습니다.

진짜 행복은 자기 안에 있다

행복은 자기 안에서 찾아야 한다. 자기 밖의 것들은 내면에 간접적인 감정의 파도를 불러일으키는 데 불과하다.

인생을 받아들이는 자세

중요한 것은 일어난 일 그 자체가 아니다. 좋은 일
이든, 나쁜 일이든 인생에 닥치는 모든 일보다 중요
한 것은 받아들이는 자세다. 행복과 평온은 내면에
달렸을 뿐, 그 외의 것은 중요하지 않다.

행복은 본성에 의해 결정된다

행복과 고통의 크기는 본성에 의해 결정된다. 따라서 외부 상황에 좌우되지 않고 오직 본성의 척도와 개인적 소양에 의해 결정된다. 쇼펜하우어는 타고난 본성은 변하지 않지만 교육으로 제2의 성격을 만들 수 있다고 주장했다. 즉 후천적인 노력에 따라 행복에 가까워질 수 있다고 봤다.

건강해야 삶이 존재한다

행복에 있어 가장 중요한 것은 건강이고, 그다음 중
요한 것이 삶을 지탱하는 본질적인 자산인 '고상한
인격', '뛰어난 두뇌', '명랑한 마음'이다. 명예, 영광,
지위, 명성 등은 본질적인 자산과 경쟁할 수 없으며,
대체할 수도 없다. 오히려 명예, 영광 같은 것들은
망설임 없이 버릴 수 있어야 한다.

명랑한 마음의 중요성

'명랑한 마음'은 행복에 가장 직접적인 영향을 준다. 명랑한 사람은 자기 내면에서 언제나 긍정적일 수 있는 나름의 이유를 발견하기에 언제나 자기 자신으로 인해 행복하다. 명랑한 마음을 지키기 위해서는 건강을 유지하는 데 힘써야 한다.

언제나 명랑한 마음을 추구하라

언제나 명랑함이 깃들도록 마음의 문을 활짝 열어
두어야 한다. 명랑함은 언제나 적절한 때 찾아온다.

순간이 의미를 가지려면

시간이 너무 빨리 지나간다고 한탄하는 사람이 있다. 그의 인생에 귀중한 가치 있는 것이 있었다면 시간은 그리 황급하게 지나가지 않았을 것이다.

건강이 좋지 않던 때를 기억하라

건강만 있으면 모든 것이 기쁨이다. 그러나 건강을
잃으면 모든 것이 불행하다. 그뿐 아니라 다른 주관
적 자산, 즉 정신, 감정, 기질과 같은 것조차 건강하
지 못하면 나약해지고 위축된다.

몸이 좋지 않으면 쉽게 감정이 상한다

행복은 기분과 건강 상태에 따라 크게 좌우된다. 같은 일을 겪어도 건강하고 차분할 때와 몸이 좋지 않고 언짢을 때의 감정을 비교하면 잘 알 수 있다. 즉, 행복과 불행은 결국 건강에 달렸다.

건강을 해치면서까지 무리하면 안 된다

다른 것을 위해 건강을 희생하는 것은 어리석다. 성적 만족이나 일시적인 쾌락은 말할 것도 없고, 돈, 승진, 공부, 명예 등의 일에 건강을 해치면서까지 무리해서는 안 된다. 건강이 있어야 다른 모든 것이 존재한다.

우울한 사람과 명랑한 사람

우울한 자는 10개의 계획 중 1개를 성공해도 그것을 기뻐하지 않고 실패한 한 가지에 기분이 상한다. 그런데 명랑한 자는 1개를 성공하고 9개를 실패해도 그 자체에 기뻐할 줄 안다.

하나가 멀어지면 또 하나가 다가온다

행복의 두 가지 방해물은 고통과 지루함이다. 고통
과 지루함은 한쪽이 멀어질수록 다른 쪽이 다가온
다. 따라서 우리의 삶은 정도의 차이가 있을 뿐 이
두 가지를 오가는 것이나 다름없다.

✤ 연민 ✤ 타인과 함께
　　　　　 괴로워하라

'도덕'이라고 하면 '지켜야 하는 것'이라는 생각이 떠오릅니다. 제2차 세계대전 이전에는 학교나 가정에서 "나라에 충성을, 부모에게 효도하라"라는 가르침을 배웠습니다. 전쟁이 끝난 뒤에는 이런 말을 강요당하지 않았지만, 여전히 우리의 일상은 여러 가지 도덕적 명령으로 가득 차 있습니다.

　"지하철에서 통화하지 마세요"라든가 "반려동물을 공원 안에 데리고 오지 마세요" 하는 것도 그 예일 것입니다. 그러나 예로부터 철학자들은 좀 더 근본적으로 생활을 규정하는 도덕법칙을 만들어 왔습니다. 특히 칸트의 도덕법칙은 엄격했습니다.

- 내가 행동하려는 바가 보편성과 필연성에 타당하면 행동하고, 그렇지 않으면 하지 마라.
- 다른 사람들을 단순히 이용하는 수단으로만 보는 것이 아니라 목적으로 대하라.

칸트의 후계자를 자처한 쇼펜하우어도 엄격한 의무로 가득한 도덕법칙을 주장했을까요? 그렇지 않습니다.

쇼펜하우어의 사상에는 '이렇게 하라' '저렇게 하라'같이 행위의 규칙을 정한 딱딱한 도덕론은 없습니다. 다만 이렇게 이기적인 세상에서 동정심은 우리에게 존재하는 근원적인 비이기적 특성이며, 세상과 타인의 고통을 자신의 것으로 느낄 때 이기심의 벽이 허물어진다고 서술했습니다.

또 "타인도 우리의 의도와는 상관없이 벌어지는 삶의 맹목성 때문에 힘들어하는 인생의 동지"라고도 했습니다. 이 사실을 알면 타인을 고통의 바다를 함께 건너야 할 동료로 보게 되고, 저절로 동정과 연민의 마음이 생겨납니다. 특히 남의 괴로움을 보게 되면 도와주려는 순수한 의도를 품고 돕기 위해 행동할 것입니다.

이는 대승불교에서 말하는 '보살도-菩薩道-'와 비슷합니다. 자신이 비록 깨달음을 얻고 구원받지는 못해도 타인, 중생을 위해 목숨을 걸고 노력하는 삶의 방식입니다. 그러나 쇼펜하우어 시대에는 아직 대승불교의 경전은 독일에서 잘 알려지지 않았으며, 그나마 알려진 경전도 대중의 구원을 위하기보다 개인의 구원에 중점을 둔 소승불교의 경전에 더 가까웠습니다. 그런 점에서 봤을 때 '함께 괴로워하는 마음'을 중시한 그의 도덕철학은 불경보다는 같은 고대 인도의 철학서인 《우파니샤드-深義書-》에서 촉발된 듯합니다.

쇼펜하우어는 《우파니샤드》 속에서 "네가 바로 그것이다"라는 문장을 찾아냈습니다. 개개인(아트만)과 모든 동식물, 자연물이 하나의 우주(브라만)이자 서로 연결되어 있음을 의미하는 이 문장에서 그는 깨달음을 얻었습니다. 《우파니샤드》에는 다음과 같은 우화가 실려 있습니다.

어느 날 스승이 제자에게 큰 나무의 열매를 가져와 그것을 깨게 했다. 그러고는 그 속의 작은 씨앗을 쪼개고, 쪼갠 뒤 제자에게 물었다.

"무엇이 보이는가?"

그러자 제자는 이렇게 대답했다.

"아무것도 보이지 않습니다."

"네가 볼 수 없는 미세한 것, 그 미세함으로 이루어진 이런 큰 나무가 서 있는 것을 보아라. 그것이 아트만이다. 보이지 않지만, 그것이 있음을 믿어라. 그 존재가 곧 진리이고, 네가 바로 그것이다."

스승이 말했다.

이 우화 속에서 아트만과 브라만의 동일성은 작은 씨앗과 큰 나무의 관계에 비유되고 있습니다.

쇼펜하우어는 인간이 서로 선을 이루도록 이끄는 힘이 동정심에 있다고 보았습니다. 그래서 처음에는 한 사람 한 사람 사이에 존재하던 '함께 괴로워하는 마음'이 널리 한 국가, 전 세계로까지 퍼져나가기를 기대했습니다.

바라지 말고 베풀라

만약 누군가 기부를 하면서 "이제 저는 어떤 보답을 받을 수 있을까요?"라고 묻는다면 나는 이렇게 대답할 것이다.

"당신이 베푼 사람이 좀 더 선해지는 것이 보상입니다. 그 외에는 아무런 이득도 없지요. 물론 당신이 무언가를 바라고 베풀었다면 쇼핑이나 하는 게 나았겠지만 배고픔에 시달리는 가난한 사람의 고통을 덜어주려는 마음이었다면 당신은 이미 보답받은 셈입니다."

타인과 고통을 나누라

고통에서 벗어나기 위해서는 타인과 고통을 나누어
야 한다. 고통을 나누는 동정심이 윤리의 근본이며,
동정심으로 인해 '정의'와 '인간애', 즉 진정한 사랑
이 가능해진다.

누구에게나 동정심은 있다

동정심은 교육이나, 종교, 신화 등에 의한 것이 아니라 인간 내면에 존재하는 근원적인 특성이다. 그렇기에 그 마음은 어떤 상황에서도 힘을 잃지 않고, 어느 나라 어느 시대에서도 등장한다. 결코 이국의 신들에게서만 찾을 수 있는 것이 아니다.

다른 사람을 고통에 빠뜨리지 않겠다는 마음가짐

모든 잘못된 행위가 타인에게 어떤 고통을 미칠지 제대로 아는 것이 중요하다. 특히 자신이 잘못을 했을 때나 타인이 폭력을 휘두르는 모습을 볼 때 '누구도 불행하게 해서는 안 된다' 하는 감정을 느끼게 되는데, 이 감정은 모든 사람의 권리를 존중하고 다른 이를 고통에 빠뜨리지 않겠다는 마음가짐을 불러일으킨다.

인간애의 토대

인간애란 '누구도 해치지 말라. 네가 할 수 있는 한 모든 이를 도우라'라는 의식을 토대로 하는 덕이며, 이것을 바탕으로 사랑의 의무 등 윤리학이 말하는 모든 의무가 생긴다. 이 동정심이 전적으로 유일하게 자유로운 정의와 참된 인간애의 실제적 토대다. 행위는 동정심에서 기인하는 한에서만 도덕적 가치를 갖는다.

도덕심은 연민으로 드러난다

모든 삶에 무한한 동정심을 갖는 것이야말로 윤리
적으로 올바른 태도를 취하는 가장 확실한 방법이
다. 동정심이 있는 자는 반드시 누구에게 위해를 가
하거나, 권리를 침해하거나, 불행을 초래할 만한 일
을 하지 않는다. 오히려 할 수 있는 한 타인을 배려
하고, 모든 사람을 용서하고, 돕도록 노력할 것이다.
그러한 행동에는 정의와 인간애의 그림자가 짙게
드리워져 있다.

생명에 대한 책임

동물에 대한 연민은 지극히 자연스러운 것이다. 동물에게는 아무런 권리가 없다는 잘못된 생각, 인간이 동물에게 아무런 의무가 없다는 생각은 불쾌하고 야만적인 생각일 따름이다.

동물을 대하는 마음은 인간을 대하는 마음과 같다

동물에게 동정심을 품는 사람은 반드시 좋은 사람
이다. 반면 동물을 학대하는 사람은 결코 선량한 사
람이 아니다. 동물을 대하는 마음은 곧 인간에 대하
는 마음과 같다.

✢사랑✢ 결국 영원을 꿈꾸기에 사랑한다

19세기 미국과 유럽에서는 성욕을 노골적으로 드러내기를 꺼리는 분위기가 존재했습니다. 그러나 20세기 초, 오스트리아의 의사 지그문트 프로이트-Sigmund Freud, 1856~1993_가 인간의 잠재적 욕구, 특히 성욕을 해명한 정신분석을 발표한 이후 이에 대한 관심은 단숨에 높아졌습니다.

프로이트는 인간의 충동 중 식욕과 성욕의 충족이 특히 중요하다고 했는데, 그중 하나인 성욕을 충동질하는 심적 에너지를 '리비도'라고 이름 붙였습니다. 그리고 리비도는 "인간이 태어날 때부터 이미 존재했으며 평생 서서히 발달하는 것"이라고 여겼습니다.

프로이트는 리비도가 인간 생활의 모든 면에서 나타난다는 점을 강조하며, 그 일환으로 남자아이는 어머니에게 강한 애착을 느끼지만, 아버지는 혐오하게 되는 오이디푸스 콤플렉스를 품는다고 주장했습니다.

삼라만상을 '리비도'를 통해 해명하고자 했던 프로이트의 이론은 찬반양론을 불러일으켰습니다. 프로이트가 자신의 리비도 이론이 쇼펜하우어의 철학을 따르고 있다고 강조하면서 사람들은 더욱 놀라지 않을 수 없었습니다. 그도 그럴 것이 쇼펜하우어는 엄격한 금욕을 주장하는 철학자로 성욕을 경시했다고 여겨졌기 때문이죠. 그러나 프로이트는 다음과 같은 글을 남겼습니다.

정신분석의 선구자 중 한 명으로 특히 위대한 사상가 쇼펜하우어를 언급해야만 한다. 그가 주창한 의식하지 않는 '의지'는 정신분석에서 말하는 '심적 충동(리비도)'과 동일시된다. 게다가 이 사상가는 믿을 수 없을 만큼, 훌륭하게 표현된 단어를 사용하여 사람들에게 항상 과소평가되어 온 성적 충동의 중요성에 대해 경고했다.

_〈정신분석의 어려움〉

그렇다면 쇼펜하우어는 인간의 성적 충동을 어떻게 설명했을까요? 쇼펜하우어는 남녀관계가 인간이 하는 모든 행동의 눈에 보이지 않는 핵심이자, 전쟁의 원인이자, 평화의 목적이 바로 '성욕'이라고 했습니다.

이는 인간의 욕망 중 가장 강력한 것으로, 인간이 세상에서 영원히 사라져버릴 것에 대한 불안을 극복하려는 방안이라는 것이지요. 그래서 사랑의 목적은 결국 미래 세대(자녀)를 낳는 것이라 말합니다. 그래서 "인간의 의지 중에서도 종족 보존의 욕망이 자기 보존의 욕망보다 강하기에 사랑에 빠진 사람들은 맹목적이 되고, 원래대로라면 싫어해야 할 상대의 본질을 모른 채 불행한 결혼에 뛰어든다"라고 논하기도 했습니다.

이 견해에 반발하는 사람도 많습니다. 쇼펜하우

어는 평생 가족이라는 공동체 안에서의 일상과 행복을 몰랐던 독신 남성이었기 때문에 여자, 사랑, 결혼에 대해서도 회피적이고 소극적인 말밖에 하지 않았는데 이 자체가 바로 관계에 대해 책임지기 싫어하는 이기주의라는 것입니다.

그러나 한편으로는 쇼펜하우어가 성욕의 본질을 꿰뚫고 있었다고 보는 사람도 많고, 특히 그에게 심취했던 리하르트 바그너가 음악 속에 표현한 사랑의 도취와 환희, 고뇌의 세계가 쇼펜하우어의 사상과 유사하다고 주장하는 사람도 있습니다.

어느 쪽의 주장이 옳을까요. 다음의 문장을 음미하며 고민해보시지요.

사랑은 모든 것의 원인이다

사랑은 전쟁의 원인이 되기도 하는가 하면, 평화의 목적이 되고, 진실의 기반이 되는 동시에 농담의 대상이 된다. 무궁무진한 지혜의 원천이자, 온갖 수수께끼를 푸는 열쇠이기도 하다.

사랑의 기쁨, 사랑의 괴로움

사랑으로 인해 기쁠 때나 사랑을 거부당해 고통스
러울 때 그 순간에는 본능적인 정욕보다 긍정적 혹
은 부정적인 감정을 극도로 느끼게 된다. 단순한 육
체적 욕망이 아닌 정신적인 것만이 우리를 끝없이
행동하게 하기 때문이다. 인간과 동물의 차이는, 동
물은 육욕에 열중하지만 인간이 가진 열정적인 사
랑의 기쁨과 괴로움을 모른다는 것이다.

성욕은 삶의 의지의 가장 완전한 표현이다

삶의 의지는 자신을 유지하려는 노력으로 발현된다. 하지만 이는 단지 종족을 보존하려는 노력일 뿐이다. 종족을 유지하려는 노력은 장기간에 걸쳐 이루어지고, 그 중요성은 개인 생존을 위한 노력을 뛰어넘는다.

성욕은 삶의 의지의 가장 완전한 표현이며, 가장 뚜렷한 형태다. 이것은 개인이 성욕에서 생겨났고, 성욕이 다른 모든 욕망을 앞지른다는 사실에 완전히 부합한다.

종족의 의지는 개인의 의지를 앞선다

연애 감정을 일으키는 데 가장 중요한 것은 건강하고, 정력적이고, 아름다우며, 서로 젊어야 한다는 것이다. 이는 종족 보존을 위한 본능으로, 종족의 의지가 개인의 살려는 의지를 앞선다.

사랑에 눈이 멀면

사랑하는 상대의 성격이나 본성과 충돌하는 경우가 있다. 왜냐하면 사람들은 성관계를 제외하면, 사실은 경멸해 마땅한 이성(아니 본래 혐오해야 할 이성)에게 푹 빠져 있기 때문이다. 하지만 종족 보존의 의지가 자신을 지키려는 의지보다 강하기 때문에 사랑에 빠진 사람들은 본래 싫어해야 할 상대의 특징에 눈을 감고, 모든 것을 간과하며, 모든 것을 오해하고, 열정의 대상에 영원히 얽매인다. 이처럼 어리석음에 사로잡혀 있는 동안 사랑하는 자는 눈이 멀지만, 종족 보존의 목표가 해결되기만 하면 어리석음은 사라지고 남는 것은 혐오스러운 생애의 반려자뿐이다.

상대를 미워하면서도 원할 수 있다

사랑에 빠진 사람은 반려자를 찾고 있다는 어리석음에 사로잡혀 있지만, 근본적으로 자신을 위해서가 아닌 장래에 태어날 아이를 위해 상대를 찾는 것이다. 하지만 자신이 아닌 종족을 위해 반려자를 구한다는 위대한 품격을 지닌 태도는 정열적인 사랑에 숭고한 멋을 더해 시 문학의 가치 있는 소재가 되기도 한다. 성욕은 상대방을 미워하면서도 생겨날 수 있다.

연애의 결말

연애결혼은 일반적으로 불행한 결과로 끝난다. 현실적인 생활을 제대로 고려하지 않은 채, 미래 세대를 위해 맺어지기 때문이다. '연애결혼을 한 자는 고뇌 속에서 살아야 한다'라는 스페인 속담도 있다. 주로 부모의 선택으로 편의상 이뤄진 결혼은 이와 반대된다. 어떠한 형식을 취하든 중매결혼을 성립시키기 위한 노력은 적어도 실질적이며 무의미하지 않다.

결혼에는 희생이 따른다

결혼하면 개인의 이익이든 종족의 이익이든 둘 중
하나의 희생은 불가피하다. 현실적인 계산과 정열
적인 애정이 함께 성립된 결혼이란 좀처럼 찾아볼
수 없는 행운이라 할 수 있다.

결혼의 목적

행복한 결혼이란 거의 없다. 결혼의 주목적이 원래
현재의 당사자가 아닌 미래 세대에 있기 때문이다.

끝없는 욕망이 끝없는 고통을 만든다

삶에서 고통과 죽음밖에 확실한 것은 없다. 이 괴로운 세계에서 벗어나기 위해서는 의지를 부정하는 수밖에 없다. 영원히 살려는 맹목적인 욕망이 충족되지 않기에 고통을 피할 수 없기 때문이다. '살아가려는 의지의 부정'을 불교에서는 '열반'이라고 하는데, 이는 무엇이라 해명할 수 없는 인간의 모든 인식의 핵심이다.

✣예술✣ 그럼에도 불구하고
우리를 위로하는 것들

쇼펜하우어는 인간이 고통에서 벗어나는 또 다른 방법으로 예술을 창조하거나 감상할 것을 권합니다.

뛰어난 예술 작품을 창조하는 사람은 천재나 다름없습니다. 괴테는 "세상에서 도망치는 데에는 예술이 최고다"라고 말하기도 했습니다만, 창조에 힘쓰는 천재는 일에 몰두하는 순간, 일시적으로 세상의 고뇌를 잊고 황홀의 경지에 이르기도 합니다. 한편 깊은 고뇌에도 빠져들지요. 예를 들어, 레오나르도 다빈치는 〈최후의 만찬〉을 그릴 때 예수 그리스도를 배신한 유다의 얼굴을 도저히 그릴 수 없었다고 합니다.

그에 비해 뛰어난 예술 작품을 감상하며 잠시나마 고뇌에서 벗어나는 일은 훨씬 쉽겠지요. 예를 들어, 아침부터 회사에서 하기 싫은 일을 해야 해서 기분이 좋지 않던 사람도 퇴근길에 서점에 들러 좋은 책이나 명화집 등을 살피다 보면 잠시 고민을 잊고, 작품 자체에 몰두할 수 있습니다.

그러나 쇼펜하우어의 예술론에 대한 반대도 있습니다. 그중 하나는 "모든 사람이 예술로 고뇌를 잊을 수 있는 것은 아니다. 그런 의미에서 예술은 특권적이며, 이를 찬양하는 쇼펜하우어의 철학은 귀족 취향일 뿐이다"라는 주장입니다. 또 그가 음악을 예찬한 나머지 회화, 조각이나 문학 등은 적절히 평가하지 않은 것에 불만을 표하는 비평가도 있습니다.

어쨌든 뛰어난 예술 작품이 삶을 위로한다는 데에는 이견이 있을 수 없겠지요. 앞으로 소개할 그의 글에 예술과 고뇌에 대한 견해가 분명하게 드러나 있습니다.

음악은 본질을 말한다

음악은 최고의 예술이다. 음악은 다른 예술처럼 세상을 모방하거나 표현하는 것이 아니라 의지 그 자체를 표현한다. 음악이 다른 여러 예술보다 훨씬 강력한 이유는 바로 이 때문이다. 다른 예술은 오직 그림자에 대해 말하지만, 음악은 본질을 말한다.

자신을 다룰 줄 아는 사람이 남기는 것

천재란 객관적으로 생각하고 행동할 수 있게 자신을 다룰 줄 아는 사람이다. 천재는 주관적인 자신에게 구속되는 일이 없기 때문에 의지대로 움직이는 일반인과는 정반대의 방향을 향한다. 따라서 천재성이란 오로지 월등히 관조하고 직관에 몰입할 수 있는 능력이다. 동시에 뛰어난 자들은 주관과 객관을 분리할 수 있다. 천재는 자신의 관심, 의욕, 목적보다 세계를 꿰뚫는 명백한 눈으로 예술 작품을 남긴다.

천재와 평범한 사람의 차이

천재는 자신이 가진 드높은 지성으로 인생 자체를
고찰하고 모든 사물의 이면을 보고자 한다. 평범한
사람은 자신의 인식 능력이 자신의 길을 비추는 데
그치지만, 천재는 인류 전체를 비추는 밝은 빛이다.
평범한 사람은 3분의 2가 의지, 3분의 1이 지성으
로 이루어져 있는 반면 천재는 3분의 2가 지성, 3분
의 1이 의지로 이루어져 있다.

멀리 있는 목표를 향해 몸을 던지는 사람

천재는 시대라는 행성의 궤도 속에 뛰어든 혜성과
같다. 행성의 궤도는 규칙적이고 명확하지만, 혜성
의 진로는 예상을 뛰어넘는다. 따라서 천재는 동시
대에 인정받는 사물과 사상에 적합한 것을 만들어
내기보다 동시대인이 도저히 따라잡을 수 없는 저
멀리 있는 목표를 향해 몸을 던진다.

종교의 이유

신과 영(靈)을 모시는 행위가 현실 생활 곳곳에 파고들어 있고 동시에 삶을 모호하게 만든다. 이러한 초월적 존재와의 소통은 생활 가운데 중요한 요소이며, 끊임없이 희망을 품게 한다. 그리고 그 신비로움 때문에 현실 세계의 사물보다 더 큰 관심의 대상이 되기도 한다. 이들의 존재는 한편으로는 도움과 구원을 바라고, 다른 한편으로는 소일거리와 심심풀이를 원하는 인간의 이중적 욕구의 발현이다.

철학의 세 가지 조건

철학을 하기 위해서는 세 가지가 요구된다. 우선 의문이 생기면 무조건 답을 찾는 용기를 가질 것. 그다음 당연하게 여겨지는 것들에 '과연 그럴까' 하고 다시 고민할 것. 마지막으로 불안하거나 초조한 마음을 가지지 말 것. 철학을 하려면 맹목적이 되거나 유혹에 빠지지 말고, 자신의 눈에 비치는 세계와 의식하는 내용 자체에 집중해야 한다.

자연과 행복의 관계

자연은 우리의 생존에만 관여할 뿐 행복에는 관심
을 두지 않는다.

세상은 나에게 무언가를 배웠고,
이를 잊을 수는 없을 것이다.
— 쇼펜하우어

Arthur
Schopenhauer

엮은이 가나모리 시게나리

1927년 도쿄 출생의 저술가이자 번역가. 도쿄대학 문학부 독문학과 졸업. 일본방송협회(NHK) 근무 후 히로시마대학, 아세아대학, 시즈오카대학, 일본대학에서 교수를 역임했다.

독일 문학, 독일 철학 전공으로, 일본 쇼펜하우어 협회 평의원이기도 하다. 저서로는 《괴테의 말》, 《칸트 읽는 자의 꿈》, 《존재와 고뇌》, 《고독과 인생》, 《최고의 철학자 발타자르 그라시안의 명언 300》 외 다수가 있다.

옮긴이 김재현

일본어 전문 번역가 및 출판 기획자. 대학에서 일본학을 공부한 뒤, 바른번역 아카데미에서 일본어 출판번역 과정을 수료했다. 오랜 시간 출판 편집·기획자로 일하며 국외 인문서를 국내에 번역 소개했고, 독자들에게 꼭 필요한 책을 기획하고 있다.

인생을 살아내기 위한 철학
쇼펜하우어의 말

초판 1쇄 인쇄 2024년 2월 13일
초판 1쇄 발행 2024년 2월 28일

지은이 아르투어 쇼펜하우어
엮은이 가나모리 시게나리
옮긴이 김재현
펴낸이 이경희

펴낸곳 빅피시
출판등록 2021년 4월 6일 제2021-000115호
주소 서울시 마포구 월드컵북로 402, KGIT 1906호

ISBN 979-11-93128-83-1 03160